篮球运动课程思政

赵 晶◎著

育人价值、元素挖掘与案例设计

LANQIU YUNDONG KECHENG SIZHENG
YUREN JIAZHI、YUANSU WAJUE YU ANLI SHEJI

天津社会科学院出版社

图书在版编目（ＣＩＰ）数据

篮球运动课程思政 ： 育人价值、元素挖掘与案例设计 / 赵晶著. -- 天津 ： 天津社会科学院出版社，2023.7

ISBN 978-7-5563-0903-0

Ⅰ．①篮… Ⅱ．①赵… Ⅲ．①篮球运动—教学研究—高等学校②思想政治教育－教学研究－高等学校 Ⅳ．① G841.2②G641

中国国家版本馆 CIP 数据核字(2023)第 147792 号

篮球运动课程思政 ： 育人价值、元素挖掘与案例设计
LANQIU YUNDONG KECHENG SIZHENG ： YUREN JIAZHI、YUANSU WAJUE YU ANLI SHEJI

选题策划：韩　鹏
责任编辑：王　丽
装帧设计：高馨月
出版发行：天津社会科学院出版社
地　　址：天津市南开区迎水道 7 号
邮　　编：300191
电　　话：（022）23360165
印　　刷：北京建宏印刷有限公司
开　　本：710×1000　　1/16
印　　张：10.5
字　　数：150 千字
版　　次：2023 年 7 月第 1 版　　2023 年 7 月第 1 次印刷
定　　价：68.00 元

前　言

2022 年 10 月 16 日,习近平总书记在党的二十大报告中指出,用社会主义核心价值观铸魂育人,完善思想政治工作体系,推进大中小学思想政治教育一体化建设。大中小学阶段是青少年成长的关键期,也是其人生的"拔节孕穗期"。这一时期,青少年的心智逐渐健全、思维愈加活跃,需要各级各类学校精心地引导、启思、育才。党的十八大以来,习近平总书记高度重视青少年成长,多次发表重要讲话,希望广大青年要肩负历史使命、坚定前进信心,要立大志、明大德、成大才、担大任,努力成为堪当民族复兴重任的时代新人。我国高等学校作为培养青年人才的摇篮,肩负着培养什么人、怎样培养人、为谁培养人的历史使命与责任担当,为此,将"立德树人"作为当代大学生思想政治教育的根本任务,培养德智体美劳全面发展的社会主义建设者和接班人是全面贯彻党的教育方针的迫切需要。2020 年 6 月 1 日,教育部印发《高等学校课程思政建设指导纲要》,为将课程思政融入高等学校课程建设指明路径。

2018 年 9 月 10 日,习近平总书记在出席全国教育大会并发表重要讲话中指出,要把立德树人融入思想道德教育、文化知识教育、社会实践教育各环节,学科体系、教学体系、教材体系、管理体系要围绕这个目标来设计,教师要围绕这个目标来教,学生要围绕这个目标来学。习近平总书记的讲话为"课堂教学"与"思想教育"有机融合指明了方向。以讲话精神为引领,课程思政需要全方位、全学科、全专业融入课程教学,体育学及其下属的学科专业及运动项目均需要将课程思政融入教学全过程。

篮球运动作为高等院校体育课程教学的重要内容,课程思政应成为贯穿其课程教学的重要脉络。以"立德树人"为培养人的核心命题,在篮球课程教学过程中应构建"全体成员、全部过程、全部环节"的育人方略，为此，提出本著作的撰写思路：第一章，通过对课程思政融入篮球课程教学育人价值的解析，充分认识篮球运动的多元功能，不仅是一项运动项目，更是锻炼人、培养人、塑造人的重要载体；第二章，通过对课程思政融入篮球课程教学元素的挖掘，讲好篮球故事、传播篮球文化、传承体育思想、弘扬爱国主义精神；第三章，通过对课程思政融入篮球课程教学载体的解析，提出以教材为引导、以教学大纲为支撑、以教学计划为脉络、以教案为基本单位、以教学评价为反馈监督的全系统、闭环式整体运行方案的设计；第四章，通过对课程思政融入篮球课程教学案例设计，在理论与技术课教学中，引导学生树德立德，培养学生爱国守法，强化教师师德师风，进而解决课程思政融入篮球课程教学如何操作、如何应用的现实困惑。

《高等学校课程思政建设指导纲要》对教育学类（体育类）课程建设提出明确的目标与要求，指出体育类课程要树立健康第一的教育理念，注重爱国主义教育和传统文化教育，培养学生顽强拼搏、奋斗有我的信念，激发学生提升全民族身体素质的责任感。为此，本著作旨在以篮球运动为切入点，探讨将课程思政融入篮球课程教学的方式、方法，解决如何将"思政与技能"有机融合，将"育智、育技、育德"同步推进，使篮球运动的功能、价值得到积极弘扬与有效践行。

鉴于著作撰写者专业能力与知识结构所限，因此，该著作仅为抛砖引玉。著作中不成熟、不准确、不规范、不全面之处，敬请各位专家与同行批评指正！

目　　录

第一章　课程思政融入篮球课程教学的育人价值

导言:2018 年 1 月 23 日,时任教育部部长陈宝生在"新时代全国高等学校本科教育工作会议的讲话"中指出①,对大学生思想言行和成长影响最大的第一因素是专业课教师。各门课程都要"守好一段渠、种好责任田",与思政课同向同行,形成协同效应。做到课程门门有思政,教师人人讲育人。《高等学校课程思政建设指导纲要》②(2020 年 6 月)指出,课程思政建设要在所有高校、所有专业全面推进,而这将覆盖我国两千六百多所高校和三千多万在校大学生。由此可见,高校已成为立德树人的主阵地,高校开足开齐体育课程培养方案要求,使体育课成为高校开展课程思政的有效渠道。因此,将"篮球课+课程思政"进行有机融入,可以帮助学生在从事篮球运动的过程中,达到享受乐趣、增强体质、健全人格、锤炼意志的目的。

---

① 陈宝生在 2018 年全国教育会议上的讲话 [EB/OL]. [2018-02-06]. http://www. moe. gov. cn/jyb_xwfb/moe_176/201802/t20180206_326931.html
② 教育部关于印发《高等学校课程思政建设指导纲要》的通知(教高〔2020〕3 号)[EB/OL]. [2020-06-01]. http://www. moe. gov. cn/srcsite/A08/s7056/202006/t20200603_462437. html

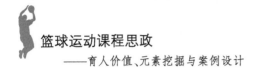

第一节　课程思政融入体育课程教学的当代价值

体育课作为高校"以体育人"的实践平台,是实现习近平总书记"学校体育观"的重要环节,抓住体质健康、技能培养、锻炼体魄、健全人格的教育理念,使体育课成为高校开展课程思政的有效渠道,搭建立德树人的重要平台。《高等学校课程思政建设指导纲要》中提出,体育类课程要树立健康第一的教育理念,注重爱国主义教育和传统文化教育,培养学生顽强拼搏、奋斗有我的信念,激发学生提升全民族身体素质的责任感,进而从目标导向等对课程思政融入体育课程教学的当代价值进行阐释。

一、体育在中国式现代化建设进程中的价值

近年来,我国体育事业取得可喜的进步与发展。中国北京现已成为承办夏奥会与冬奥会的双奥之城,体育强国建设有序推进,竞技体育、群众体育、体育产业等蓬勃发展,既为我国高等体育院校发展提供了战略平台,也为人才培养提供了需求路径,更为高校体育课开展提供了动力保障,展现了体育课程教学的重要价值。2022 年 10 月 16 日,习近平总书记在党的二十大报告中指出,从现在起,中国共产党的中心任务就是团结带领全国各族人民全面建成社会主义现代化强国、实现第二个百年奋斗目标,以中国式现代化全面推进中华民族伟大复兴。[①] 中国体育事业如何融入中国式现代化的发展浪潮,报告中提出"广泛开展全民健身活动,加强青少年体育工作,促进群众体育和竞技体育全面发展,加快建设体育强国",高度概括了在中国特色社会主义进入新时代、推进中国式现代化与加快建设体育强国进程中,中国体育事业所肩负的新使命、新定位、新功能。

---

① 习近平:高举中国特色社会主义伟大旗帜 为全面建设社会主义现代化国家而团结奋斗——在中国共产党第二十次全国代表大会上的报告[EB/OL].[2022-10-25]http-tp://www.gov.cn/xinwen/2022-10/25/content_5721685.htm

二、体育在健康中国战略中的责任担当

2016年10月25日,中共中央、国务院颁布《"健康中国2030"规划纲要》①,对我国以促进健康为中心的大健康观、大卫生观提出全方位、全生命周期的战略导向。以从人民群众愿望和需求出发,加快全民健身与全民健康深度融合指明方向。2019年9月2日,国务院办公厅印发《体育强国建设纲要》②,对落实"全民健身国家战略,助力健康中国建设"给予重点部署与统筹推进。围绕"主动健康"概念,推动"被动医疗"走向"主动健康",使"体医融合"受到高度关注。在"全民健身、全民健康"战略背景下,高等院校如何通过体育课程教学使学生达到形成健康认识、养成健康习惯、掌握健康手段的目标,是体育价值塑造的重要展现。

三、体育在助推五育融合发展中的重要作用

培养德、智、体、美、劳全面发展的大学生是我国高校人才培养的重要使命,体育作为"五育"的组成要素之一,对于促进教育现代化、建设健康中国和人力资源强国,实现中华民族伟大复兴的中国梦具有重要意义。近年来,高等院校加快推进学校体育改革,积极推动体教融合,大力开展阳光体育活动,全面落实、认真践行"开齐开足"体育课,对于大学生强身健体、强壮体魄、强化品质等人体与人格的塑造与培养具有重要作用。现阶段,我国各高等院校均对体育课程建设给予高度关注,强化体育在助推五育融合发展中的重要作用,进而将课程思政融入体育课程教学,塑造学生健全人格等,此举正当时、正当势、正当行。

---

① 中共中央 国务院印发《"健康中国2030"规划纲要》[EB/OL].[2016-10-25].http://www.gov.cn/xinwen/2016-10/25/content_5124174.htm

② 国务院办公厅印发《体育强国建设纲要》[EB/OL].[2019-09-02].http://www.gov.cn/xinwen/2019-09/02/content_5426540.htm

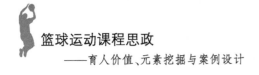

四、体育在思政育人中的多元价值

体育运动所具有的对抗性、竞争性、趣味性、娱乐性、协同性、整体性等特点，可以使学生在强身健体、掌握技能的同时，形成法治观念、规则意识，培养团结互助、拼搏向上、勇攀高峰、为国争光、文化传承、坚定信仰、锤炼意志、心理调控等积极、健康、向上、阳光的品质。由于体育运动具有多元化特点与人格塑造价值，决定了体育课程教学在高等院校教学体系中具有无法替代的作用，对于培养思想过硬、技术过硬、能力过硬的高校人才具有重要的育人价值，是对体育价值的再认识及体育功效的再诠释。

第二节　课程思政融入体育课程教学的本原回归

2018 年 5 月 2 日，习近平总书记在"北京大学师生座谈会"的讲话中明确提出高等教育改革的迫切性和重要性。[①] 会议指出，高等教育要培养符合国家需求的精英人才，对高等教育的要求不仅是学识的增加和技能的掌握，更要培养学生的爱国精神，成为有理想抱负、有能力为国家和人民服务的人才。为更好地践行立德树人的根本任务，落实人才培养质量，教育部在《关于加快建设高水平本科教育全面提高人才培养能力的意见》（教高〔2018〕2 号）中提出，要回归大学的本质职能，即把培养人作为根本任务，并提出"回归常识、回归本分、回归初心、回归梦想"——即"四个回归"的要求[②]。"四个回归"的深刻命题，为高校本科教育指明发展方向，同时对如何上好"体育课"引发深刻反思，即如何从课程设计到

① 习近平在北京大学师生座谈会上的讲话[EB/OL]. [2018-05-03]. http://cpc.people.com.cn/n1/2018/0503/c64094-29961631.html
② 教育部关于加快建设高水平本科教育全面提高人才培养能力的意见[EB/OL]. [2018-12-31]. http://www.gov.cn/zhengce/zhengceku/2018-12-31/content_5443541.htm

教师教、学生学等角度,融入育德、育智、育人的教学理念。我国高等教育的根本任务是要培养社会主义建设者和接班人,为此,以我高等教育"四个回归"为本原,思考高等院校体育课程教学的使命与责任。

第一,以"回归初心"为切入点,强化立德树人。在体育课程教学中通过对学生人生观与价值观的塑造,使学生充分认识到成人与成才的重要性,不仅锻炼身体、强健体魄、掌握技能,还要以体育优秀人物为榜样,明确爱国、励志、求真、立行的奋斗目标。实施路径以"思政育人"为主线,促进体育专业知识学习、技能形成与思想政治教育相结合。

第二,以"回归常识"为立足点,强化努力学习。引导学生求真学问,练真本领,掌握专业知识与技能,以知促行,以行求知,脚踏实地,通过对学生体育专业技能的培养,强化教学质量。实施路径以"学习效果"为检验,即在体育课上将学到了什么、学会了什么,作为评价教学质量的标准。

第三,以"回归本分"为支撑点,强化爱岗敬业。引导教师爱岗敬业,潜心教书育人。使体育教师树立使命感、责任感、职业感,引导教师热爱、倾心、钻研体育课程教学,提高政治素养、业务能力、潜心教学,更好地担当起学生身心健康成长的指导者,实施路径以"师德师风"为标尺。

第四,以"回归梦想"为推进点,强化报效祖国。引导学生倾力实现教育报国、教育强国的梦想。体育强国梦、教育强国梦,都是中国梦的重要组成部分。通过体育课程教学,引导学生教育报国、教育强国、传承家国情怀,实践路径以"寓思于技"为内涵。

通过将课程思政融入体育课程教学"四个回归"的本原思考,进一步明确体育课应该教什么、做什么、怎样教、怎样做,体育课程教学目标不仅是锻炼身体与技能学习,还应以"以体育人"为根本使命,教师的课程设计、为人师表,学生的知识、能力、素养培养,等等,均已成为体育课程教学的核心要素。为此,在体育课教学环节设计上融入"回归初心、回归常识",在师生互动中融入"回归本分、回归梦想",进而厘清课程思政与体育课教学同向同行的关系,把践行"四个回归"的要求真正落实到每一堂体育课的教学中。

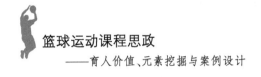

第三节　课程思政建设与篮球运动特点有效结合

众所周知,无论是体育专业院校,还是普通高等院校,篮球课均是高校学生喜闻乐见、积极参与的运动项目。现阶段,体育课不仅是体育高等院校重要的专业课、专项课,也是各类高校不可或缺的公共课、必修课、选修课等。立足于新时代本科教育改革与课程思政建设,课程思政如何融入高校篮球课教学,如何发挥篮球课程思想育人价值,应从全面解读篮球运动的特点入手。

一、集体性、协同性特点

众所周知,篮球比赛是以两队成员相互协同攻守对抗的形式进行的竞赛过程。进攻方的五名球员,通过采用进攻基础配合与多种形式的全队整体进攻配合的方式,在协同努力下,完成成功的战术配合,获得得分;防守方的五名球员,通过采用防守基础配合与多种形式的全队整体防守配合的方式,完成有效防守,阻止进攻方得分。每一次的成功攻守,无不是团队成员协同配合、有效互补的结果,因此,集体性特点是贯穿篮球运动教学、训练、竞赛的重要环节。团结合作、集体协同是篮球课教学融入思政育人的重要元素。

二、对抗性、竞争性特点

篮球运动攻守对抗是在 28×15 米场地范围内展开的同场竞技对抗。由于当代篮球运动具有身体接触频繁、对抗压迫性强、比赛强度大、竞争激烈等特点,使篮球运动成为"技与力"相互融合的运动项目。对抗性与竞争性的特点,也使得篮球运动成为塑造与培养青少年篮球运动员勇猛顽强、敢打敢拼、不畏困难、勇攀高峰精神等思政育人的重要平台。

三、规则性、执行性特点

篮球运动是在篮球竞赛规则规定的范围内,在裁判员公正、准确的执裁下,运用合理的技术与战术配合展开攻守同场对抗的运动项目,遵守竞赛规则是球队与球员必须严格执行的准则。鉴于此,篮球运动也成为培养青少年篮球运动员遵守纪律、遵守制度,在规则约束的框架内,运动员、教练员等严格遵守判罚等思政育人的重要载体。

鉴于篮球运动具有的集体性、协同性、对抗性、竞争性、规则性、执行性等特点,对于培养思想过硬、技术过硬、能力过硬的高等院校体育专业人才具有重要的育人价值。深入解读篮球运动特点,挖掘篮球运动价值、吃透篮球运动精神、传承篮球运动文化,对于在篮球课程教学过程中更好地融入课程思政元素起到积极的推动作用。

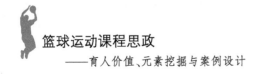

第二章　课程思政融入篮球课程教学的元素挖掘

导言:2020 年,时任教育部高教司司长吴岩在题为《让课程思政成为有情有义、有温度、有爱的教育过程》的讲话中指出①,思想政治教育最终的目标是什么? 是有信仰! 课程思政建设,是人才培养的应有之义,更是必备内容,必须坚持立德和树人不可割裂。课程思政是专业课程与弘扬真善美的结合,这个结合要有一个勘探、发掘、冶炼、加工的过程,这个过程是一个化学反应。篮球运动自 1895 年传入中国,在历时 120 余年的发展历程中,以"篮球运动"为缩影,以"爱国主义精神"为主线,在不同的历史时期与阶段,从不同的侧面展现了中华民族的爱国热情与体育精神风貌,因此,深入发掘、提炼、升华篮球运动所彰显的精神元素,对于以篮球课程为载体,弘扬篮球文化、传承篮球精神、唱响时代旋律等,具有重要的思政价值。

---

① 吴岩:让课程思政成为有情有义、有温度、有爱的教育过程[EB/OL]. [2020-06-09]. https://www.eol.cn/news/yaowen/202006/t20200609_1732490.shtml

第一节　篮球运动的爱国主义精神元素挖掘

一、篮球运动爱国主义精神元素挖掘的意义

2019 年 1 月 17 日,习近平总书记在南开大学考察时指出,爱国主义是中华民族的民族心、民族魂。南开大学具有光荣的爱国主义传统,这是南开的魂。习近平总书记的讲话,是对南开大学创始人之一、中国著名教育家、中国奥运先驱张伯苓先生所提出的"强国必先强种,强种必先强身"理念及 20 世纪二三十年代"南开五虎扬我国威"振奋民族精神,激发爱国热情的积极诠释。在不同社会背景与历史时期,爱国主义精神是伴随中国篮球运动发展的根基与主线。以"南开五虎"爱国精神、"抗战时期"篮球红史、"八一男篮"的冠军之路等历史事件为缩影,诠释中国篮球运动的爱国情怀;以"中国男女篮"在世界大赛上历史性突破,诠释中国篮球运动的爱国精神;以"篮坛英杰"征战国际及 NBA 赛场等事件,揭示中国篮球运动的爱国展现,通过对中国篮球运动发展历程中经典瞬间的回顾与梳理,更好地诠释中国篮球运动与国家发展同呼吸、共命运的时代精神。

2021 年为中国共产党成立 100 周年,深入挖掘中国篮球运动的爱国主义精神元素,既更好地诠释了中国篮球运动与国家发展同呼吸、共命运的时代精神,也体现了自 1921 年 5 月中国篮球运动夺得中国历史上第一个国际比赛冠军后,爱国主义精神伴随中国篮球运动走过百年发展历程的回顾,无数历史瞬间诠释了中国篮球运动的爱国精神与强国梦想。历史需要铭记、精神需要传承,对篮球运动爱国主义精神元素的挖掘,并以思政元素形式融入篮球课程教学,具有重要的时代意义与精神价值。

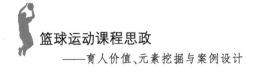

二、篮球运动展现爱国主义精神元素的实例解析

（一）"首夺冠军"民族尊严诠释

1. 社会背景

篮球运动于 1895 年在天津登陆，传入中国。现已历经百余年发展历程的中国篮球运动，在百废待兴的旧中国，生动地展现了中华民族不屈服、不放弃的爱国主义精神。

2. 事件介绍

1921 年 5 月，第五届远东运动会在中国上海举行，中国队夺得篮球比赛冠军，这是我国篮球运动在国际比赛中获得的第一个冠军，也是至 1949 年之前我国篮球项目在国际比赛中唯一获得的冠军。这次比赛，中国队最重要的对手是前四届远东运动会冠军菲律宾队，四次冠军的竞技成绩与心理优势，使菲律宾队在场上气势汹汹，盛气凌人。中国队面对强劲对手，表现出勇猛顽强、敢打敢拼的精神面貌。在上海观众的助威与呐喊声中，愈战愈勇，最终以 30∶27 获得胜利。顷刻间，上海体育场成为胜利的海洋，胜利万岁的欢呼是基于外国列强对"东亚病夫"蔑称的有力反抗。正是这样的冠军，为内忧于封建腐败、丧权辱国，外患于列强瓜分、割地赔款的旧中国人民注入了民族振兴的强心剂。

3. 精神价值

1921 年中国共产党成立，同年我国篮球运动获得首个国际比赛冠军，其意义已经远远超出一场国际比赛胜利所展现的价值，对于百废待兴的旧中国起到鼓舞人民斗志，树立民族尊严的成效。这即是篮球运动的魅力与价值所在，它诠释与迸发了中华民族的爱国精神与民族自豪感。

（二）"南开五虎"青年爱国之志诠释

1. 社会背景

篮球运动传入中国初期，正值国内陷入鸦片战争、甲午战争及伴随其后一系列不平等条约签订之际，中国沦为半封建半殖民地的悲惨境地，在民族危急时刻,中华民族一批优秀儿女在极端困难的情况下,求变求新,救亡图存。"南开五虎"以球技扬国威的经典事迹,极大地激励了处于水深火热之中的旧中国青年的爱国热情与民族尊严。

2. 事件介绍

1924 年,被称为"老五虎"的南开篮球队在技战术打法上已初步形成独特风格,并获得旧中国第三届全运会冠军,此后队员相继毕业离校。而后被称为"新五虎"的南开篮球队的成就更在前辈之上,并素有"专打洋鬼子"之称。1928 年,南开篮球队参加华北区男子篮球比赛,在"中国篮球之父"教练员董守义先生指导下,连克劲旅燕京大学、北京师大、新学同门三队,一举夺取华北篮球锦标赛冠军,由此名声大噪。球队凯旋后不久,南开篮球队应邀赴上海参赛,接连战胜青年会西国队、沪江大学队、美国海军队,三战三胜,声震沪上。当时,号称"远东霸主"的菲律宾篮球队在日本比赛取胜回国,转道上海。上海各球队都不敢与其争锋,但"南开五虎"摩拳擦掌,欲与其一较高下。比赛当日,"南开五虎"最终以 6 分优势险胜,在场观众无比激动与兴奋,将为国争光的"南开五虎"高高举起。此场比赛,为正在经受内忧外患的中国人民注入强心剂。从此"南开五虎"名扬神州。1930 年,南开篮球队又先后获得万国篮球赛冠军、杭州第四届全国运动会篮球冠军等。尽管最终"南开五虎"的五人先后毕业离校,但他们的美名却永载中国篮坛史册。

3. 精神价值

篮球运动不仅展现的是球场上的竞技较量与比分竞争,更展现的是民族气节与民族精神的比拼。在民族危急时刻,中华民族一批优秀儿女在极端困难的情况下,求变求新,救亡图存。"南开五虎"以球技扬国威的经典事迹,极大地激励了处于水深火热之中旧中国青年的爱国热情与民族尊严。多年来,"南开五虎"的传奇故事影响与激励着一代又一代爱国志士,为纪念这段辉煌的"以球技、震国威"的爱国历史,南开大学校园的一条马路以"五虎路"命名,虽然即将走过百年的历程,但南开五虎的爱国精神与五虎路所诠释的深刻内涵,激励着走在这条路上的一代代青

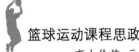

年人,珍惜当前美好生活,热爱祖国,报效祖国。这就是篮球运动所体现的价值与意义,不仅具有竞技功能,更具有教育功能。

(三)"初登奥运赛场"中华体育精神诠释

1.社会背景

1936年男子篮球正式列为奥运会比赛项目。中国首次派队参加在德国柏林举行的第十一届奥运会篮球比赛。由于水平实力和政治经济条件受限,未能进入决赛。中国选手能够走出国门,踏入奥运赛场,极大地鼓舞了中国人民的民族自豪感。

2.事件介绍

1936年第十一届奥运会在德国首都柏林举行,中国派出了由69名运动员、34名赴欧考察团员以及官员所组成的110人的代表团参加了田径、游泳、举重、自行车、篮球、足球和拳击七大项比赛,这是我国首次正式派代表团参加奥运会。由于经费短缺,随队出征的中国男篮只能乘坐航程近一个月的邮轮,乘坐最低等的船舱前往柏林。为了保持良好的竞技状态,队员们坚持在甲板上出早操或者做辅助性训练。即便如此,队员们的体能也在急剧下降,由于连日晕船,主教练董守义先生病倒了,队员牟作云比出发前掉了近10公斤的体重。到达意大利威尼斯后,队员们又乘坐国际列车辗转到达柏林。柏林奥运会于1936年8月1日举行,而中国男篮到达柏林时已经是7月底了,经过不到一周的短暂调整后即参加比赛。中国男篮第一个对手是日本男篮,他们早已在柏林等待且休整多日,由于身体状况及疲劳等原因,中国男篮在第一场比赛输给日本队后,第二场赢下法国队,后两场比赛则输给巴西和秘鲁队,最终成绩位列第15—21名之间。此外,中国篮球裁判员舒鸿代表中国人第一次执法奥运会篮球比赛决赛,为国人争光。虽然中国男篮在该届奥运会篮球比赛上的成绩称不上完美,但作为中国篮球初登奥运赛场的先驱,他们的名字将永远载入中国篮球运动发展的史册。

球队组成:主教练:董守义;队员:牟作云、王南珍、王玉增、沈聿恭、刘宝成、冯念华、李绍唐、王鸿斌、刘云章、蔡演雄、徐兆雄、尹贵仁、王士选、于敬孝。

3. 精神价值

1907 年 10 月 19 日,南开学校校长张伯苓在参加天津第五届校际运动会颁奖仪式上发表演说:"此次运动会的成功,使我对吾国选手在不久的将来参加奥运会充满了希望,我国应立即成立奥林匹克运动会代表队。"这是中国人第一次正式表达参加奥林匹克运动的意愿。1936 年,包括中国男篮在内的中国代表团走出国门,踏入奥运赛场,极大地鼓舞了中国人民的民族自豪感。中国篮球裁判员舒鸿先生能够执裁奥运会篮球比赛决赛,也进一步证明了中国人在国际体育赛场上的执裁能力与水平,为国争光,振奋民族精神。

第二节　篮球运动的红色体育精神元素挖掘

一、篮球运动红色体育精神元素挖掘的意义

红色体育文化是中国共产党领导中国人民在长期革命战争和社会建设实践中创造并形成的红色文化印记,它是我国第一代共产党人在革命战争时期留下的宝贵的红色体育精神,是唱响建党 100 周年主旋律的重要历史回眸。毛泽东同志在延安时曾发出"锻炼体魄,好打日本"的号召,1937 年 8 月,贺龙同志在《新中华报》发表文章,号召部队积极开展体育活动,练好身体,通过打球促进军民团结,增强抗日民族统一战线,鼓舞战士们的革命乐观主义精神。此后,贺龙同志又明确提出"开展体育运动,为打败法西斯服务"的口号。以积极在抗日前线推动文化体育活动开展为目的,由贺龙同志组建的八路军 120 师战斗篮球队应运而生。球队组建的目的,不仅是要打球练技能,更是要磨炼战士们的战斗作风、思想作风,锤炼意志品质,树立团队精神。八路军 120 师战斗篮球队组建于革命根据地,是部队体育文化活动的典范,是八路军队伍爱国精神的体

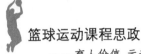

现,是抗日战争时期中国篮球运动红史写照。新时代的红色体育文化精神需要传承与践行,将红色篮球文化融入部队文化活动与体育竞赛,使战士们在强身健体的同时接受革命传统教育,继承和发扬革命先辈的优良传统,增强爱国情怀,捍卫祖国荣誉。抗战时期这段催人奋进的篮球红史将成为新时代篮球运动弘扬爱国精神的光辉写照。

延续抗日战争时期中国篮球运动的红色精神,新中国成立后,以 120 师战斗篮球队为前身的八一男篮以团结拼搏、勇往直前的战斗作风成为军队体育精神的典范。1949 年 10 月 1 日,下午 3 时,北京三十万群众齐集天安门广场,举行隆重的开国大典。毛泽东主席在天安门城楼上向全世界庄严宣告:"中华人民共和国中央人民政府今天成立了!"庆祝开国大典之际,战斗篮球队与党校篮球队开展了一场篮球比赛,这也是新中国体育史上的第一场篮球比赛,新中国体育也是以部队篮球竞赛为开端。新中国成立后,八一男篮树立了团结拼搏、勇往直前的军队精神的典范。自 1995—1996 赛季开始首次实行跨年度主客场赛制的"全国男子篮球甲级联赛",八一男篮充分展现了球队综合实力及在联赛中的绝对优势,连续六次荣获联赛总冠军。球队依靠国内球员的顽强拼搏与不懈努力,在球场上体现团队作风、拼搏精神,诠释着解放军篮球运动员永不言败的精神与作风。

二、篮球运动展现红色体育精神元素的实例解析

(一)"抗战时期"红色体育精神缔造

1.社会背景

1927 年 8 月,周恩来、朱德、贺龙等同志发动八一南昌起义,同年 9 月,毛泽东同志领导"秋收起义",第二年两支起义队伍会师井冈山,建立了我国第一个红色革命根据地。体育运动在军队和革命根据地广泛开展,其中篮球运动开展得更加有声有色,成为体育活动主要的内容之一。在革命根据地中,尽管战争残酷、环境艰苦,但广大军民仍充满革命乐观主义精神,充分利用一切可能条件积极开展篮球活动、举行各种比赛。

2. 事件介绍

1932年5月1日,在江西瑞金红军大学运动场举行"五一"运动大会篮球赛;1932年5月4日,红军为欢庆漳州战役胜利,在福建汀州举行"红五月"运动会篮球赛;1933年5月1日,在江西永丰县藤田举行红一方面军运动会篮球赛;1933年5月30日,中华苏维埃共和国第一次体育运动大会在江西瑞金叶坪举行,篮球比赛是大会主要项目;1933年6月16日,福建省举行军区运动会篮球赛,同年在江西瑞金红军大学举行"八一"运动会篮球赛;1934年8月1日,瑞金举行"八一"运动会篮球赛;1934年10月,工农红军进行艰苦卓绝的二万五千里长征,长征途中,红军在极端困难的条件下,仍然开展篮球运动等各项体育活动。抗日战争时期,延安等地的篮球运动开展得更为活跃。

1937年8月,贺龙同志在《新中华报》发表文章,号召部队积极开展体育活动,练好身体,通过打球促进军民团结,增强抗日民族统一战线,鼓舞战士们的革命乐观主义精神。由贺龙同志组建的八路军120师战斗篮球队跟随从晋西北挺进到冀中时,战斗十分频繁,除了打仗就是行军,他们在行军时,背包上带着球和篮框,到宿营地后,只要条件允许,就选一块平地,向当地老乡借几根木头,两块门板,装上篮框就打起篮球。若是短途行军,干脆用车拉着篮架,走到哪里,打到哪里。战斗与行军间隙举行的篮球比赛,不仅起到缓冲压力、提高斗志、鼓舞士气的作用,而且更好地激发了八路军战士在战场杀敌的大无畏精神,锻炼成一支作风硬、技术精的队伍。1940年春,战斗篮球队曾两次战胜抗日根据地另一支著名的东干篮球队,1940年10月,战斗篮球队在延安进行篮球表演赛,全部获胜。朱德总司令在赛后接见战斗篮球队全体队员并送上写有"球场健儿,沙场勇士"的锦旗。1942年9月,战斗篮球队作为特邀代表参加在延安举行的"九一扩大运动会"篮球比赛,战斗篮球队在比赛中以全胜的战绩夺得第一名后,毛泽东主席亲自接见了贺龙师长和全体战斗篮球队队员,鼓励他们说,"我们军队是很需要体育的""你们除了坚持锻炼身体以外,还要好好工作,为革命事业献出自己的力量"。毛泽东主席的亲切关怀,是

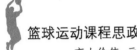

对战斗篮球队全体同志的鞭策和鼓励。

此外,八路军驻西安、重庆办事处同志为与国民党进行长期斗争,积极想办法,从事体育锻炼并开展篮球等项目活动。如:1939年八路军驻重庆办事处,在周恩来、董必武同志的带领下积极开展文体活动,当时办事处驻地红岩村的门侧有个小斜坡,周恩来同志就动员大家抬石运土,修成篮球场,并指示管文体工作的同志多组织篮球比赛,篮球活动在办事处开展尤为广泛,几乎人人都会打篮球。办事处体育活动开展,对于联系群众、宣传抗日及扩大党和八路军的影响等,起到积极的促进作用。

3. 精神价值

红色体育是指中国共产党在新民主主义革命时期建立革命政权后在红色苏区、抗日敌后根据地和解放区的体育实践,它是我国第一代共产党人在革命战争时期留下的宝贵红色体育财富和历史回眸。以积极在抗日前线推动文化体育活动开展为目的,根据地、解放区广大军民在中国共产党的领导下,克服种种困难,积极开展多种形式的篮球活动和比赛,为加强革命力量,练好体魄打击敌人,培养篮球骨干队伍和发展新中国体育事业,创造有利条件,打下良好基础。战斗篮球队组建于革命根据地,是当时部队体育文化活动的典范之一,是八路军队伍爱国主义精神的体现,是抗日战争时期中国篮球运动重要的历史写照之一。新时代的红色体育文化精神需要传承与践行,将红色篮球文化融入部队文化活动与体育竞赛,使战士们在强身健体的同时接受革命传统教育,继承和发扬革命先辈的优良传统,增强爱国情怀,捍卫祖国荣誉。抗战时期这段催人奋进的篮球历史将成为新时代篮球运动弘扬爱国精神的光辉写照。

(二)"军队篮球"红色体育精神传承

1. 社会背景

八一男子篮球队以其独特的管理模式与军旅作风,在新中国篮球运动发展历程中彰显军队篮球的拼搏奋进精神。1951年9月,中国人民解放军总政治部抽调全军优秀篮球运动员组建代表全军最高水平的篮球队,八一男篮正式成立。此后,八一男篮在国内和国际比赛中屡获佳绩,并以"快速、快运、快抢、紧逼"的攻守战术体系,引领国内篮球运动的技战术风格,曾荣获多项全国男子篮球比赛冠军。

2. 事件介绍

1979年美国男子篮球明星队到中国比赛,八一男篮两战全胜,使美国男子篮球队感受到八一男篮的篮球技战术水平与竞技实力。同年,美国派出当年NBA总冠军球队华盛顿子弹队与八一男篮比赛,虽然八一男篮最终输了11分,但在子弹队面前展现了顽强拼搏的比赛风格,彰显了八一男篮团结奋进的精神。1995年中国篮球协会以竞赛体制改革为突破口,推出主客场赛制"全国男子篮球甲级联赛"(简称CBA联赛),至2019—2020赛季,八一男篮在CBA赛场已征战25年,共八次获得联赛总冠军,其中在1996—2001年期间,连续六个赛季获得总冠军,在CBA联赛历史上留下了光辉的印记。2020年10月19日,中国篮球协会收到中央军委训练管理部军事体育训练中心来函,表示:八一男女篮今后将不再参加CBA联赛和WCBA联赛。八一男女篮自建队以来,在各类大型赛事中屡创佳绩,持续向国家队输送优秀球员,为中国篮球事业发展做出了不可磨灭的贡献。

3. 八一男篮征战CBA历程

自1995赛季至2020赛季的25年里,八一男篮从未缺席CBA联赛。8座总冠军奖杯,连续六个赛季问鼎联赛总冠军,是他们为CBA联赛树立的一个个高度。刘玉栋、阿的江、王治郅、李楠……诸多的八一男篮运动员,是他们为CBA联赛、为中国篮球运动发展持续助力。八一男篮获得了中央军委颁发的"团结拼搏的体坛劲旅"荣誉称号;王治郅成为第一位被世界最高水平联赛(NBA)选中并效力的中国球员;刘玉栋获得"战神"绰号,并被评选为"CBA联赛十年最佳球员",等等。2006年,中国篮球协会发出"向八一男篮学习"的号召,称赞八一男篮是"中国篮坛的铁军"。八一男篮既代表着CBA的一个时代,更凝聚着CBA在那个时代的精神气质。时光荏苒,面对不断变迁的联赛竞争格局及人员流动幅度不断加大的新形势,始终以"全华班"出战的八一男篮,压力和挑战与日俱

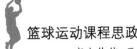
增,但八一男篮始终保持着顽强拼搏、纪律严明、团结奋进的战斗作风,在联赛之外继续拼搏、也在其他赛场上不断证明着自己。2019年第七届世界军运会上,八一男篮连克强敌,获得铜牌。

4.其他军旅球队征战 CBA 历程

从 1995—1996 首个跨年度 CBA 赛季算起,CBA 历史上共出现过 6 支军旅球队,分别是八一队、空军队、沈阳军区队、济南军区队、南京军区队和前卫队。尽管这些军旅球队都已经先后离开 CBA 赛场,但他们对 CBA 联赛发展做出的重要贡献将被历史铭记。除八一队外,曾经参加 CBA 联赛的五支军旅球队情况如下:

(1)空军队。空军队征战了 CBA1995—1996、1996—1997 和 1997—1998 三个赛季,最好成绩是 1996—1997 赛季的第七名。1998 年空军男篮排名联赛第十名,联赛结束后球队解散。空军男篮为人熟知的球员是前国手刘铁。

(2)南京军区队。南京军区队男篮是著名男篮国手刘玉栋加入八一男篮之前效力的球队,参加了 1995—1996 赛季 CBA 联赛。南京军区队在该赛季降级,开始征战甲 B 联赛。1999—2000 赛季南京军区队以出色的表现重返 CBA 赛场,可惜仅一个赛季后球队就再次降级,该队曾培养出单卫国、肖卫国等优秀球员。

(3)济南军区队。济南军区队是一支拥有辉煌历史的球队,曾经培养出穆铁柱、马连民、张斌等多名国手。作为一支军旅球队,济南军区在 CBA 征战了 1995—1996,1996—1997,1997—1998,1998—1999,2000—2001 共计 5 个赛季,其中数次在降级后又重新返回 CBA 赛场。2003 年 12 月,济南军区男篮被双星集团整体接收,后者演变成为目前的青岛国信海天俱乐部雄鹰队。

(4)沈阳军区队。沈阳军区男篮曾培养出多名出色的球员,包括赵仁斌、贾楠、马玉坤和后来加盟八一男篮的莫科等。沈阳军区队在 CBA 征战了 1995—1996,1996—1997,1997—1998,2000—2001 共 4 个赛季。2005 年 4 月,撤编不久的沈阳军区队整体转让给广厦集团,在其基础上组建成立浙江广厦队。

（5）前卫队。前卫男篮前身是公安部直属球队，曾参与了 1995—1996 赛季 CBA 联赛。在 1995—1996 赛季，前卫队整个赛季仅取得一场胜利，最终降级至甲 B 联赛。1999—2000 赛季前，前卫队宣布与北京奥神合并，并以前卫奥神的队名参加 CBA 联赛。前卫队曾拥有不少出色球员，如丁伟、陈照升等。

5. 精神价值

八一男篮在中国篮坛书写了半个多世纪的传奇，先后赢得 38 次全国比赛冠军，夺得全国男子篮球甲 A 联赛六连冠，被誉为"军旗下的梦之队"。2000 年江泽民主席签署命令，八一男篮被中央军委授予"团结拼搏的体坛劲旅"荣誉称号。2006 年，中国篮球协会发出"向八一男篮学习"的号召，称赞八一男篮是"中国篮坛的铁军"。八一男子篮球队始终贯彻军队篮球拼搏奋进的精神，球队在苦练球技、强化作风、塑造团魂的同时，彰显军人的身份，将军人风貌与篮球竞技有机结合，创造出团结协作的战斗作风和攻守兼备的战术风格。在篮球赛场上彰显高度的使命感、责任感与荣誉感。八一男篮虽然退出 CBA 赛场，但其拼搏奋进的体育精神将永远成为中国篮球运动的精神家园，时刻影响与激励着一代代篮球运动员不忘初心、砥砺前行，不仅要成为篮球竞技赛场上的战斗者，更应成为体育拼搏精神的传承者。

第三节　篮球运动的拼搏奋进精神元素挖掘

一、篮球运动拼搏奋进精神元素挖掘的意义

1907 年 10 月 19 日，南开学校校长张伯苓在参加天津第五届校际运动会颁奖仪式上发表演说时指出："此次运动会的成功，使我对吾国选手在不久的将来参加奥运会充满了希望。去年雅典奥运会期间，虽然许多

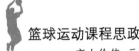
欧洲国家奥运选手技术水准很差,得奖希望渺茫,但他们仍然派许多选手参加。照此来看,我国应立即成立奥林匹克运动会代表队。"[1]这是中国人第一次在公开演说中建议中国组建奥林匹克代表队。张伯苓校长不仅怀揣着深切的中国奥运梦,而且对中国篮球运动发展充满期盼。1936年,第11届奥运会在德国柏林举行,我国篮球界人士经过多方努力,首次组建中国男子篮球队参加奥运会篮球比赛,这也是中国篮球队第一次走进奥运会赛场。自1936年到2016年,中国男篮共参加过11次奥运会比赛,1952年赫尔辛基奥运会,是新中国成立后中国男篮首次参加奥运会,但由于途中受阻迟到,中国男篮到达赫尔辛基时篮球小组赛已经全部结束,故未能参加正式比赛。其他10次比赛中,中国男篮共3次获得第八名,虽然至今还没有实现五星红旗在奥运赛场升起的梦想,但能够征战世界最高水平的篮球赛事,也一次次地激发着中国人民的民族自豪感。五星红旗在奥运会篮球赛场升起的梦想继1984年洛杉矶奥运会获得铜牌后又于1992年巴塞罗那奥运会由中国女篮获得银牌得以圆梦。这不仅承载了几代中国篮球人的梦想,也承载着中国人民自强不息与拼搏奋斗的梦想,奥运会篮球赛场上飘扬的五星红旗,凝结着中国人民的"爱国梦"。

二、篮球运动展现拼搏奋进精神的实例解析

(一)"祖国至上"拼搏精神诠释

1. 社会背景

中华人民共和国成立后,中国男女篮球队通过一次次将五星红旗高高地升起在国际各项比赛赛事的赛场上,在不断提高竞技成绩的同时,也一次次地带给国人骄傲与自豪,中国优秀运动员跻身世界高水平职业联赛,他们获得荣誉,赢得尊重,是中国篮球运动在世界赛场上为国争光、顽强拼搏精神的集中体现。自1936年第十一届德国柏林奥运会中国男篮

---

① 天津——"奥运三问"的发祥地[N].天津日报,2014-08-26

首次参赛,至2023年,中国篮球运动已走过近90年的奥运历程。在奥运会篮球赛场上升起五星红旗,不仅承载着几代中国篮球人的梦想,也承载着中国人民自强不息与拼搏奋斗的梦想。

2. 事件介绍

选取中国女篮参加的两次世界锦标赛、一次世界杯及两次奥运会,中国男篮参加的一次世界锦标赛及两次奥运会作为经典记忆进行回顾。

(1)1983年中国女篮在第九届世界篮球锦标赛上获得第3名

第九届世界女子篮球锦标赛于1983年7月24日在巴西圣保罗举行,中国队首次参赛即获得第3名的优异成绩。中国队拥有两名高大中锋,内线优势明显,注重内外结合,赢得第九届世锦赛季军。

球队组成:主教练:杨伯镛;队员:陈月芳、宋晓波、邱晨、柳青、冼丽清、张惠、张月琴、郑海霞、巴燕、修丽娟、尤淑敏、刘敏。

1983年第九届世界女子篮球锦标赛是中国女篮首次参加世界性大赛,勇敢的中国姑娘展现出良好的竞技状态,以奋勇拼搏的状态出现在世界强队面前,为我国篮球项目跻身世界先进行列打了头阵,为攀登世界篮球高峰树立了信心。

(2)1984年中国女篮在第二十三届奥运会上获得第3名

1984年洛杉矶奥运会,首次参加奥运会的中国女篮获得第3名的骄人成绩。在第3、4名决赛中,中国队以63∶57战胜加拿大队,最终获得了首枚奥运会铜牌。

球队组成:主教练:杨伯镛;队员:宋晓波、修丽娟、陈月芳、郑海霞、邱晨、李晓勤、张惠、丛学娣、张月琴、巴燕、王军、柳青。

1984年,中国女篮以预选赛第一名的身份获得洛杉矶奥运会参赛资格,主教练杨伯镛率队过关斩将取得铜牌,中国女篮首次参加奥运会就在世界赛场升起五星红旗,展现出不畏强手、顽强拼搏的精神风貌。在训练方面,中国女篮终坚持"三从一大"训练原则,认识到"从实战出发"是"三从一大"训练原则的核心,所有训练均以实战为中心,提出了"苦练是基础、巧练是关键"和"以防守促进攻"的训练理念。自1981年中国女篮重

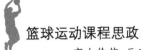

新组建以来,屡次在世界大赛上打出好成绩。当时中国篮球确立了"女篮先上、男篮紧跟"的方针,中国女篮率先冲出亚洲,走向世界,跻身世界强队行列。

(3)1992年中国女篮在第二十五届奥运会上获得第2名

1992年中国女篮在巴塞罗那奥运会比赛中获得亚军,这也是迄今为止中国女篮在参加奥运会比赛中获得的最好成绩。比赛中,中国女篮过关斩将,与古巴队在半决赛中相遇,并以109∶70战胜对手,决赛中,由于经验欠缺,以66∶76负于独联体队,获得亚军。

球队组成:主教练:李亚光;队员:郑海霞、丛学娣、柳青、王芳、彭萍、郑冬梅、李昕、刘军、何军、李冬梅、郑秀琳、展淑萍。

中国女篮在世界大赛中取得的历史性突破不仅仅是刻苦训练的结果,更是解放思想、改革创新的结果。中国女篮坚持打破"依赖内线"的战术习惯,重拾"快、灵、准"的技术特点,注重内外结合,在世界大赛中创造优异成绩。此次比赛的胜利,其意义已超出一场国际比赛胜利所展现的价值,对树立民族自信、打破固化思想、转变观念、勇于创新起到积极的推动作用。

(4)1994年中国女篮在第十二届世界篮球锦标赛上获得第2名

第十二届世界篮球锦标赛于1994年6月2日在澳大利亚悉尼举行,中国女篮获得第2名,首次创造了中国女篮参加世界篮球锦标赛的最好成绩。比赛中,中国女篮展现出良好的精神风貌,半决赛中国女篮以66∶65战胜澳大利亚女篮,昂首进入决赛,决赛中以87∶96惜败于巴西队,最终获得第2名。

球队组成:主教练:陈道宏;队员:郑海霞、李昕、王芳、李冬梅、何军、孙英、刘军、张伟娟、马宗青、梁馨、郑薇、郑冬梅。

此次比赛中国女篮敢打敢拼,斗志昂扬,勇于向世界强队挑战,展现出中华儿女奋勇争先的精神风貌,进一步提升了中国女篮的国际声誉,为促进我国女篮队伍发展和水平提高奠定了基础。

(5)2022女篮世界杯中国女篮获得第2名

2022年女篮世界杯于2022年9月22日至10月1日在澳大利亚举行,中国女篮61∶83不敌美国女篮,获得亚军。这是中国女篮自1994年世锦赛(后改为世界杯)获得亚军之后,再次获得亚军。

球队组成:主教练:郑薇;队员:李缘、王思雨、武桐桐、杨力维、金维娜、李梦、张茹、黄思静、潘臻琦、迪拉娜、李月汝、韩旭。

此次比赛,中国女篮团结一心、顽强拼搏,时隔28年再次闯入世界大赛决赛,展现了中国篮球人昂扬向上的精神风貌和为国争光、团结协作、顽强拼搏的中华体育精神。在该届世界杯赛中,中国女篮不畏强手、不骄不躁,打出了振奋人心的团队篮球,为新时代推进"三大球"振兴注入"强心剂"。

(6)1994年中国男篮在第十二届世界篮球锦标赛上获得第8名

1994年中国男篮在加拿大多伦多举行的第十二届世界篮球锦标赛上获第8名,这是中国男篮在世锦赛历史上首次闯进八强,开创了中国男篮的新时代。此次比赛,中国队被分到了拥有巴西、美国、西班牙的死亡小组,最终凭借男篮队员们的顽强拼搏与出色发挥,完成了几乎不可能完成的任务,历史性地闯进世锦赛八强。

球队组成:主教练:蒋兴权;队员:阿的江、巩晓彬、胡卫东、纪敏尚、刘大庆、刘玉栋、单涛、孙军、张劲松、吴庆龙、吴乃群、郑武。

1994年世界男篮锦标赛,这支被称为"黄金一代"的队伍创造了中国男篮世锦赛历史最好成绩。这支男篮队伍虽然没有像姚明一样的超级领军人物,但依靠球员刻苦的训练、过硬的本领、祖国至上的荣誉感与使命感,创造了中国男篮的辉煌。

(7)1996年中国男篮在第二十六届奥运会上获得第8名

在1994年世锦赛中国男篮首度进入前8名后,世界篮坛对中国男篮有了更高的期望。1996年亚特兰大奥运会,中国男篮再次被分入死亡之组。中国男篮制订了"吃掉安哥拉,力拼阿根廷"的战略目标,成功从"死亡小组"突围,进入奥运会前8名,创造了中国男篮参加奥运会历史上的最好成绩。

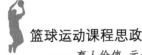

球队组成:主教练:宫鲁鸣;队员:李晓勇、郑武、王治郅、孙军、胡卫东、吴庆龙、吴乃群、刘玉栋、巩晓彬、单涛、李楠、巴特尔。

从1994年世锦赛到1996年奥运会,这支被称为"黄金一代"的中国男篮队伍创造了属于中国男篮历史上最辉煌的时刻。1996年亚特兰大奥运会,中国男篮以1994年黄金一代球员为班底,由主教练宫鲁鸣带队。中国队与美国队、立陶宛队、阿根廷队、克罗地亚队和安哥拉队分在一组。中国队在小组赛中接连战胜安哥拉和阿根廷,顺利出线晋级八强,实现了历史性的突破。此次出征奥运会的中国男篮队员在身体条件不突出的情况下,闯入奥运会前8名,靠的就是"三从一大"的刻苦训练。"天赋不够、训练来补"是"96黄金一代"的经验总结。

(8)2008年中国男篮在第二十九届奥运会上获得第8名

2008年北京奥运会比赛前,时任国家主席胡锦涛、总理温家宝先后看望中国男篮。国家主席胡锦涛希望中国男篮在北京奥运会上"打出精神、打出气势"。总理温家宝要求队伍"要用精彩比赛为祖国赢得荣誉,赢得尊严,赢得友谊"。2008年北京奥运会,由姚明、王治郅率领的中国男篮再次创造了历史最好成绩奥运会第8名,虽然1996年和2004年中国男篮也进入奥运会八强,但2008年奥运会的中国男篮第8名,是大家公认的历史最强,"含金量"最高的一次。再次身处"死亡之组"的中国男篮,在小组赛中,硬拼美国梦之队、憾负西班牙队、死拼希腊队、战胜德国队和安哥拉队,一路艰辛地顽强闯进八强。

球队组成:主教练:尤纳斯;队员:姚明、易建联、王治郅、朱芳雨、王仕鹏、杜锋、李楠、孙悦、刘炜、陈江华、王磊、张庆鹏。

中国男篮获得奥运会第8名意义非凡。他们不但圆满完成预期任务,也是中国男篮祖国至上、刻苦训练、团结拼搏、永不放弃、顶住压力、迎难而上、系统备战、科学指挥的结果。中国男篮在北京奥运会上的优异表现,得到全国人民的高度认可,被中共中央和国务院授予"北京奥运会先进集体"光荣称号,成为"三大球"中唯一获得此荣誉的队伍。

第四节　篮球运动的经典英杰人物元素挖掘

一、篮球运动经典英杰人物元素挖掘的意义

中国篮球运动已走过百余年的发展历程,在不同的历史时期与阶段,不同的篮球运动经典英杰人物走进人们的视野,为中国篮球运动薪火相传、接续奋斗、不断前行做出重要的功绩与贡献。他们以篮球运动为缩影,体现了中华民族的奋斗精神,对于宣传篮球运动、发扬体育精神、传承英杰事迹,使当代青少年以篮坛英杰为榜样,将篮球运动的爱国主义精神、顽强拼搏精神、团结互助精神等融入学习与生活中,起到积极地促进作用。为了更好地挖掘和展现篮球运动经典英杰人物的鲜活实例,本节以中国篮球运动近代史与现代史为阶段划分,选取 2022 年中国篮球名人堂确定的 15 位"特别致敬人物"与 9 位"入堂人物"及其他具有典型代表性的英杰人物等进行实例解析。

二、篮球运动经典英杰人物元素的实例解析

（一）中国篮球运动近代史:"篮坛英杰"人物实例解析

1. 中国奥运第一人——张伯苓

张伯苓（1876-1951）,名寿春,字伯苓,生于天津,中国著名教育家、社会活动家、公益活动慈善家,奥运会在中国的最早倡导者,被誉为"中国奥运第一人""中国现代教育的创造者之一"。2022 年 6 月 30 日,中国篮球协会名人堂委员会以"特别致敬"方式举荐 15 位中国篮球前辈直接进入篮球名人堂,张伯苓先生位列其中。

张伯苓先生出生于天津的一个秀才之家。他早年进入北洋水师学堂学习,1897 年毕业后服务于海军,不久离职回天津执教。在篮球运动传入中国初期,正值民族危急时刻,中华民族一批批优秀儿女在极端困苦的

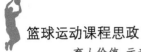
情况下,求变求新,救亡图存,张伯苓先生就是这一时期的杰出代表。1904年,严修与张伯苓先生赴日本考察教育,回国后,在合并严氏家馆和王氏家馆的基础上,成立私立中学堂,初时称敬业学堂。1907年,在天津城区南部的开洼地,即民间所称"南开",建成新校舍,遂改称南开中学堂,从此声名渐著。张伯苓先生先后担任四十余年的校长,创办了南开中学、南开大学、南开女子中学、南开小学等一系列学校,并设立"允公允能日新月异"的南开校训,并提出"强国必先强种,强种必先强身""教育里没有了体育,教育就不完全"等重要见解。他不仅对"教育"给予高度重视,更对"体育"给予充分认可,威震全国、扬名海外的"南开五虎"正是在张伯苓先生的积极推动与筹备下一步步地发展、壮大起来的。

2. 中国篮球运动之父——董守义

董守义(1895—1978),名兴顺,河北蠡县人,中国著名体育家、教练员、教授,中国近代篮球运动开拓者,被誉为"中国篮球运动之父",中国第三位国际奥委会委员。2022年6月30日,中国篮球协会名人堂委员会以"特别致敬"方式举荐15位中国篮球前辈直接进入中国篮球名人堂,董守义先生位列其中。

董守义先生出生于河北省蠡县郑村一个农民之家。1907年初,董守义先生考入保定公理会办的同仁学堂。在一次课外活动中,新来的体育教师把两只没有底的竹筐钉在操场两端的树干上,然后对着一群身着长衫的学生说:"同学们,今天我教大家玩一种新游戏——筐球。"老师要学生们把长襟掖在腰间,辫子盘在头上,然后教他们拍球、运球、传球……从此,董守义先生便迷上了这一新奇的运动项目。1910年初,董守义先生到北京通州协和书院中斋部上学,之后又升入大学部,并成为该校篮球队的中锋和队长,同时他还是学生体育会委员和足球队中锋,1915年起担任校学生体育会会长。在校期间,董守义先生曾代表学校参加了三届华北运动会、一届全国运动会和连续四年的三校对抗赛。1916年毕业后,他应"篮球运动创始人"奈史密斯博士的高材生、时任天津基督教青年会体育干事蔡乐尔之邀,到天津青年会体育部当练习生,以青年会体育活动为中心,带动并开展学校与社会篮球运动。1917 年,董守义先生担任中国国家篮球队队长、前锋,第一次参加在日本东京举行的第 3 届远东运动会篮球比赛。1921 年,首次作为裁判员参加了在上海举行的第 5 届远东运动会。1923 年,任中国篮球代表队教练员,参加在日本大阪举行的第 6 届远东运动会。之后,经青年会全国协会保送至瑞士日内瓦青年会暑期学校学习。同年 10 月,董守义先生赴美国麻省斯普林菲尔德市春田学院留学。1925 年 7 月,董守义先生回到天津,在天津南开大学任教并担任天津青年会体育部主任。1926 年,董守义先生发起组织成立天津体育协进会。1928 年,倡议于河北五马路创建天津第一个公共体育场。1929 年 4 月,第五次华北球类运动会在太原举行,董守义先生担任裁判长。在其技术指导下,无论是天津篮球队,还以天津队为骨干的华北队、河北队,在第三、四、五、六届全运会上一直蝉联冠军,使天津"篮球之乡"称号驰誉全国。1930 年起,董守义先生先后在北平师范大学、北平民国大学、北平女子文理学院、西北联合大学、浙江大学等学校任教,任华北体育联合会理事、中华全国体育协进会总干事、教育部体育委员会常委等职务。1934 年,中国选拔参加第十届远东运动会的 12 名篮球队员中,就有 5 名篮球队员为南开学生。董守义先生带领这支球队远征菲律宾,两次战胜日本队获得亚军。1935 年,第六届全运会在上海举行,董守义先生担任篮球比赛裁判长,同年被推选为中华全国体育协进会理事和教育部国民体育委员会委员。1936 年 7 月,董守义先生作为中国代表团篮球队教练员参加在柏林举行的第 11 届奥运会,奥运会期间,代表中国参加了国际篮球联合会会议,被推选为国际篮球裁判委员会会员。1947 年,在国际奥委会第四十一次会议上当选国际奥委会委员。1948 年,就任第十四届伦敦奥运会中国代表团总干事。新中国成立后,当选为中华全国体育总会副主席、中国篮球协会主席,先后担任国家体育运动员委员会运动技术委员会主任、运动司副司长。董守义先生为我国培养了大批体育教师、体育工作者和优秀运动员。撰写《篮球术》《最新篮球术》《篮球训练法》《国际奥林匹克》等多部体育论著和百余篇文章。

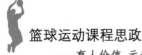
3.南开五虎——王锡良、魏蓬云、李国琛、刘健常、唐宝坤

"南开五虎"为王锡良、魏蓬云、李国琛、刘健常、唐宝坤。2022年6月30日,中国篮球协会名人堂委员会以"特别致敬"方式举荐15位中国篮球前辈直接进入中国篮球名人堂,唐宝坤先生位列其中。

"南开五虎"是20世纪20年代为南开争得荣誉的南开篮球队中五位主力队员的绰号。1924年,南开篮球队在技战术打法上已初步形成独特风格,他们曾在天津市篮球比赛中击败实力强劲的青年会竞进队、新学书院队和北洋大学队,获得冠军,而后又以南开队球员为主力阵容参加了第三届全运会,获得冠军。此后,队员们相继毕业离校,那时的南开队,被称为"老五虎"。之后"新五虎"的成就更在前辈之上,人们口口相传的"南开五虎"更多指的是"新五虎",且"新五虎"素有"专打洋鬼子"之盛誉。"新五虎"由南开中学的王锡良、魏蓬云、李国琛、刘健常、唐宝坤五位同学组成,在体育教师齐守愚指导下,经过勤学苦练,在华北球类赛大学组比赛中夺冠,使南开中学篮球队在国内名声大震,不久便接到上海方面的邀请,与上海3支篮球强队进行友谊赛,并获得全胜。此时访问日本获得全胜的菲律宾圣提托马斯大学篮球队回国途经上海,欲与南开中学进行比赛,结果南开中学再次获胜。此时,在场的观众再也按捺不住激动与兴奋的情绪,冲进赛场,将为国争光的"南开五虎"高高举起。此场比赛的胜利,为正在经受内忧外患的中国人民坚定地站起来注入了强心剂。1930年,南开中学篮球队在天津万国篮球赛中获冠军,在第四届全国运动会中获冠军。"南开五虎"不仅为南开争光、为天津争光,更为中国人争光。由此可见,篮球运动不仅是展现球场上的竞技较量与比分竞争,更是展现民族气节与民族精神的比拼。

4.执裁奥运史上第一场篮球决赛的中国裁判员——舒鸿

舒鸿(1895—1964),字厚信,浙江慈溪人,中国著名体育教育家,执裁奥运史上第一场篮球决赛的中国国际级裁判员。2022年6月30日,中国篮球协会名人堂委员会以"特别致敬"方式举荐15位中国篮球前辈直接进行中国篮球名人堂,舒鸿先生位列其中。

1919 年,舒鸿先生在美国春田学院就读时师从篮球运动的创始人奈史密斯博士,上学期间,舒鸿先生就对篮球运动中的各项规则谙熟于心。1925 年,舒鸿先生回到中国上海,先后在之江大学、东南大学、持志大学及浙江大学等高校执教。为培养中国篮球裁判员,他参与创建了中国第一个裁判员组织"中华运动裁判会",在 1927—1928 年间,担任会长。1936 年柏林奥运会上,篮球第一次被列为正式比赛项目,在美国队与加拿大队决赛前,国际篮联官员对谁来执法这场决赛犹豫不决。尽管有很多国家的裁判报名,但欧洲裁判的执法水平不受信任,而美国裁判也因为要避嫌而不能当选,最后国际篮联官员将目光落在了中国男篮的助理教练舒鸿先生的身上。参加决赛的两队教练员因为舒鸿先生执法水平高且公正,同意国际篮联的决定,奥运会第一场篮球决赛的赛场上就出现了一位身着白色毛衣、白色长裤,精神抖擞的中国男人的身影。1936 年 8 月 14 日上午,在露天球场上舒鸿先生宣布比赛开始。尽管天公不作美,下起了大雨,但在三千名观众的注目下,在中国代表团全体成员的支持下,舒鸿先生非常公正、准确、圆满地完成了本场决赛的执法工作。比赛结束后,奈史密斯博士走下看台,紧紧拥抱了自己的学生,为他出色的执裁表现感到骄傲。前方记者将消息传回国内后,1936 年 8 月 15 日下午,上海的大街小巷到处都能听到报童洪亮的喊声:"号外,号外,舒鸿为国争光。"舒鸿先生于 1952 年任浙江师范学院体育专修科主任,1962 年任浙江体育学院院长,1963 年任浙江师范学院副院长,兼任浙江省体委副主任,省政协第三、四届常委。

5. 中国首位奥运教练——宋君复

宋君复(1897—1977),浙江绍兴人,中国著名体育教育家,著名篮球教练员、国际级篮球裁判员。2022 年 6 月 30 日,中国篮球协会名人堂委员会以"特别致敬"方式举荐 15 位中国篮球前辈直接进行中国篮球名人堂,宋君复先生位列其中。

清光绪三十一年(1905),宋君复先生进私塾读书,两年后转入浸礼会所办小学求学,毕业后考入杭州第二中学的前身杭州蕙兰中学。民国

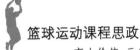

五年(1916),以优异成绩考取公费留学美国,先在柯培大学学习物理,毕业后,进入美国麻省春田学院专攻体育。回国后,执教于蕙兰中学。从1926年起,历任沪江大学、沈阳东北大学、山东大学、四川大学体育系主任。1932年,作为中国体育代表团教练,率刘长春一人参加第十届奥运会,途经日本长崎港,为抗议日军在我国东北地区的侵略行径,拒绝上岸。1936年,积极筹组和领导中国体育代表团参加第十一届奥运会,同年被批准为国际级篮球裁判。1948年,再次作为中国体育代表团成员,前往英国伦敦参加第十四届奥运会,宋君复先生在新中国成立前,曾三次作为中国体育代表团成员参加了奥林匹克运动会,也是旧中国仅有的两位国际级篮球裁判员之一。中华人民共和国成立后,任北京师范大学体育系教授,北京体育学院体育系主任、副院长。1964年,当选为中华全国体育总会第四届委员会委员,同年,任第四届全国政协委员。他治学严谨,曾编写出版《体育原理》《刘长春短跑》《女子篮球训练法》等专著。

6. 新中国篮球运动奠基人——牟作云

牟作云(1913—2007),河北武清(今属天津)人,中国著名篮球教练员、国家级裁判员。曾任亚洲篮球联合会第一副主席、中国篮球协会主席、顾问,国际篮球联合会终身荣誉委员,亚洲篮球联合会终生荣誉会长等职。1999年入选"新中国篮球50杰",2019年3月27日入选国际篮球联合会篮球名人堂,2022年6月30日,中国篮球协会名人堂委员会以"特别致敬"方式举荐15位中国篮球前辈直接进入中国篮球名人堂,牟作云先生位列其中。

作为篮球运动员,牟作云先生参加了第十届远东运动会和第十一届奥运会,作为教练员参加了第十五届奥运会。著有《篮球裁判法》等著作。1936年,牟作云先生毕业于北平师范大学体育系,1947年,毕业于美国春田学院体育系。曾任清华大学副教授、北平师范大学教授。1949年,中华人民共和国成立,国家一穷二白,体育更是白手起家。牟作云先生积极响应国家号召,抛弃了舒适、安逸的清华大学校园生活,同时任国家体委副主任的黄中先生一起筹办体训班,组建篮球队。1956年起,担任国家体委球类司副司长,不管工作多忙,他经常到队里走一走、看一看。1959 年,国庆十周年之际,牟作云先生率队与来访的匈牙利、保加利亚等东欧强队进行篮球比赛,获得胜利。在国宴上,贺龙元帅特意举起酒杯向牟作云先生敬酒说道:"祝贺,祝贺,好好努力,赢了'东方'还要赢'西方'。"牟作云先生为人正直、刚毅,始终把国家利益看得高于一切,办起事儿来讲原则、讲政策。当他人问起牟作云先生一生有什么遗憾时,他沉思片刻说:"1993 年申办奥运会没有成功,我作为中国申奥代表团成员之一非常痛心、非常遗憾,虽然申办奥运会有很多困难,但我始终相信,总有一天奥运会将在中国举办。"牟作云先生为推动中国篮球运动的发展做出了突出贡献。

7. 篮球泰斗——李震中

李震中(1916—2017),天津人,中国篮球著名运动员,篮球理论与实践相结合的著名教授。

李震中先生 14 岁那年,观看了一场"南开五虎"的表演赛,球员们精彩的球技、观众们热烈的喝彩,激起他对篮球运动的热爱,1 米 88 的出众身材,良好的身体素质使他与篮球运动结下不解之缘。1934 年,李震中先生参加了第十届远东运动会,比赛结束归国后便考入南京国立体育专科学校。读书期间,他多次参加比赛,获得"中央杯""林森杯"等比赛冠军。报纸曾以"静如处子、动如脱兔、动作细腻、姿势优美"之词,盛赞李震中先生在篮球场上的竞技表现。此后,在解放前的第六届全运会上,他又以出色的表现获得"最佳中锋"称号。1935 年 12 月,李震中先生应邀回归良华队,在上海迎战美国劲旅海贼队,终以 50:48 的比分获胜。全场比赛李震中先生独揽 18 分,因其单手投篮出神入化的技艺被人们誉为"托塔李天王"。1936 年 7 月,李震中先生从南京国立体育专科学校毕业,为了生计,他来到青岛交通银行工作,不久后,随着七七事变爆发,他丢掉这份工作,四处逃难。在长沙,他接到中国红十字会来信,邀请他参加中华篮球队到海外义赛为抗战募捐,李震中先生欣然允诺。先后到菲律宾、新加坡、马来西亚、泰国等国家通过球赛宣传抗日。在 27 场比赛

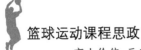

中,以 26 胜 1 负的战绩鼓舞了海外华人抗日的信心和勇气。回国后,李震中先生留在上海,曾干过保险业务员、影院检票员等许多工作,直到抗战胜利后才在上海交通大学成为一名体育教师。李震中先生 1948 年 5 月入选上海篮球队,同年 6 月入选中国篮球队,参加了第 14 届奥运会,获得第 18 名。1954 年,任上海体育学院球类教研组主任、副教授。1977 年,任上海师范大学体育系主任、教授。1979 年,被聘任为上海师范大学体育系硕士研究生导师并开始招收篮球研究生。1958 年至 1998 年间,先后编写了数十部篮球运动、手球运动等教材。

(二)中国篮球运动现代史:"篮坛英杰"人物实例解析

1. 新中国奥运第一旗手——张长禄

张长禄(1926—),天津市人,中国著名篮球运动员、教练员。1986 年起任国际篮联中央局执委,1987—1994 年,任亚洲篮球联合会副会长、中国篮球协会技术顾问组组长。2001 年 8 月 23 日,张长禄先生被授予国际篮联最高荣誉奖。1999 年入选"新中国篮球 50 杰",2022 年 6 月 30 日,中国篮球协会名人堂委员会以"特别致敬"方式举荐 15 位中国篮球前辈直接进入中国篮球名人堂,张长禄先生位列其中。

张长禄先生从 8 岁开始就在自来水厂的操场上练习投篮。由于踏实勤奋,他很快就练就出防守严密、投篮精准的绝活。16 岁那年,成为当时天津最著名的原子能篮球队的主力球员。新中国成立后,1950 年 8 月 14 日至 23 日,我国派男子篮球队参加了在捷克斯洛伐克首都布拉格举行的世界学生第二次代表大会,共有 8 名运动员参赛,其中就有张长禄先生。张长禄先生 1951 年入选国家队,参加了第十一届世界大学生夏季运动会。1952 年赫尔辛基奥运会,由于收到邀请参赛通知较晚,中国代表团赶不上开始的比赛,但周恩来总理要求中国代表团一定要赶到奥运会赛场,让代表新中国的五星红旗在赛场上升起。张长禄先生作为中国男篮队长,被推举为奥运旗手,在闭幕式上首次升起鲜艳的五星红旗。每每回忆起此番场景,张长禄先生总能感受到作为一名中国人的自豪。1954 年起,张长禄先生开始担任中国国家男篮助理教练、教练。1956 年,调入国家体委球类司,先后任科员、科长、副处长、处长、副司长等职务,长期担任中国篮球协会秘书长和副主席等职务。退休后的张长禄先生依然不忘关注中国篮球运动发展,经常参与篮球事业推广工作。他曾经以这样的一句话自勉:"青年一代是早晨的太阳,充满希望。而我们老同志,从第一线退下来后,还应该放射出生命的最后光彩。"

2. 八一篮球队一代军师——张子沛

张子沛(1925—2008),安徽芜湖人,中国著名篮球教练员。2022年6月30日,中国篮球协会名人堂委员会以"特别致敬"方式举荐15位中国篮球前辈直接进入中国篮球名人堂,张子沛先生位列其中。

八一男篮于1951年9月12日正式成立,首任教练是牟作云先生,但之后不久,他就调到国家体委工作。随后张子沛先生和唐宝堃先生两人共同接过球队教鞭。从1957年至1964年八一男篮实现全国甲级联赛八连冠,八一男篮逐渐成为中国篮球最具代表性的队伍。张子沛先生在执教八一男篮期间,球队不仅多次获得国内比赛冠军,而且在国际比赛中也屡创佳绩。1979年4月,美国大学生联队来华访问,与八一男篮进行交流比赛。在比赛中,八一男篮坚持以我为主、高快结合、内外结合,最终以104∶96获胜。这个结果是美国队没有想到的,他们很不服气,要求隔天再加赛一场。这时一个两难的选择摆在八一男篮面前,如果答应再打一场,球队没有把握能再次获胜;如果不打,又显得中国球队胆怯了。在大家普遍感觉信心不足时,张子沛先生力排众议,冷静地分析道:"兵法讲知己知彼,方能百战不殆。通过首场较量,我们可以说做到了知己知彼,而美国队却不知己,也不知彼。在这种情况下他们要求加赛,说明他们没有重视我们,现在又急于赢球,必然会犯错误,而我们已经赢了一场,心理上应占有优势,只要我们做好各方面的应对,仍然有机可乘!"之后,接受挑战的八一男篮与美国队又进行了第二场较量,尽管美国队表现强于首战,但八一男篮同样准备充分,打得快速、灵活、果断,最终以72∶69再次战胜对手。张子沛先生在总结这一时期八一男篮打法时,精辟地概括为:"一点死,两点活,三点以上变化无穷。"在多年的教练工作实践中,张子

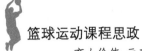
沛先生思路敏捷、足智多谋,被称为"智多星"。同时在理论研究方面,张子沛先生也造诣深厚,先后发表了多篇与篮球运动相关且见解独到的文章,不断思考篮球技战术创新。他于1953年发表的《关于"八一"队的技战术风格》提出了快而准的技战术指导思想;1954年发表的《关于篮球的战术指导思想》提出了快速、准确、灵活多变的战术思想;在《八一女篮在前进中》提出了女子可以学习男子的技术动作,如跳投等;1958年在与唐宝堃先生合作的《论8英尺进攻》文中,提出了战术打法要远、中、近相结合的观点。

3. 篮球元帅——余邦基

余邦基(1927—2020),重庆涪陵人,中国著名篮球运动员、教练员。被贺龙同志誉为"篮球元帅"。1999年入选"新中国篮球50杰",2022年6月30日,中国篮球协会名人堂委员会以"特别致敬"方式举荐15位中国篮球前辈直接进入中国篮球名人堂,余邦基先生位列其中。

余邦基先生1927年出生于四川省涪陵县。1946年,抗战胜利后,余邦基先生开始走上篮球运动之路。新中国成立后,余邦基先生调到沈阳东北军区生产兵团,在1951年5月举行的全军四项球类运动会篮球比赛中,以快速、灵活的打法以及高超的抢篮板球能力,引起解放军队领导的关注。比赛结束后,余邦基先生入选解放军队。1951年9月,八一男女篮球队组建,余邦基先生成为第一批八一男篮队员,那时八一男篮和国内其他强队相比具有差距,为了尽快弥补差距,八一男篮进入北京大学开始为期3个月的集训,坚持上午、下午共6个小时连续高强度训练。为尽快提高篮球技战术水平,他们自创了10大基本动作,光是练这10个基本动作,就要累得汗流浃背。短短3个月下来,八一男篮就在一场比赛中以四十多分的绝对优势战胜当时的北京联队。对手很不服气,择日再战,结果又输了三十多分,继续不服气,继续再战,结果北京联队又输了。1953年,全国四项球类运动会篮球比赛开赛前,贺龙元帅对八一男篮说:"你们如果能赢其他球队都在30分以上,那我封你们为'绝对冠军'。"结果全部比赛下来,八一男篮每场比赛至少都赢对手30分以上。尽管余邦基先生身高只有 1 米 70,但他却练就了一手娴熟的控球技术,传球助攻更是当时的一绝。他的"跳起双手投篮",无论是从两侧的 45°角、还是正面中距离出手,命中率都相当高,被球迷们称为"余邦基式双手投篮"。他是 20 世纪 50 年代中国篮球南派的代表人物,具备了快速、灵活、投篮精准以及出色的传球等技术能力。1959 年,余邦基先生退役,开始担任八一男篮主教练,也成为国家队教练。在第一届全运会结束后,余邦基先生和八一男篮受到中央领导接见,贺龙元帅笑着对余邦基先生说:"我们有十大元帅,你是篮球元帅。"余邦基先生在执教八一男篮期间,拿到第一至第四届全国篮球比赛的冠军,开创了八一男篮第一个辉煌时代,余邦基先生率队先后 16 次夺得全国篮球比赛冠军,成绩卓著。

4. 中国女篮事业奠基人——杨福鹿

杨福鹿(1927—2003),江苏省常州市人,中国著名篮球运动员、教练员。1999 年入选"新中国篮球 50 杰",2022 年 6 月 30 日,中国篮球协会名人堂委员会以"特别致敬"方式举荐 15 位中国篮球前辈直接进入中国篮球名人堂,杨福鹿先生位列其中。

早在新中国成立前,杨福鹿先生就已经是国内知名的篮球健将。1948 年,年仅 21 岁的他,就代表湖北省参加了第 7 届全运会篮球比赛。他技术全面,投篮方式多样,得分能力强,比赛中头脑冷静,有大将风范。新中国成立后,1950 年,杨福鹿先生从武汉大学工学院电机系毕业。1952 年,入选中国男篮国家队,成为当时男篮中少有的高学历运动员。1954 年 8 月,随队参加了在匈牙利首都布达佩斯举行的第 12 届世界大学生夏季运动会,获得第五名的优异成绩,同年因膝伤退役。退役一年后,出任中国女篮主教练,时年他仅 28 岁。从 1955 年至 1965 年,一直任中国女篮主教练。在担任国家女篮主教练期间,曾带领球队战胜过保加利亚、匈牙利、南斯拉夫、波兰、罗马尼亚,以及当时世界第三名的捷克斯洛伐克等欧洲强队和苏联冠军队、苏联国家青年队等,并获得 1963 年第 1 届新兴力量运动会女篮比赛冠军。最让他记忆犹新的比赛是 1956 年夏季南斯拉夫国家女篮来访,针对对方身材高大的特点,杨福鹿先生制订

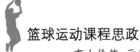

了先发制人的全场紧逼防守战术,打得对手措手不及,最终以 45 分的绝对优势战胜对手。在杨福鹿担任中国女篮主教练期间,创造了中国女篮的辉煌时期,树立了中国女篮传统打法和风格,并影响了中国篮球的发展与提高,被称为"中国女篮事业奠基人"。杨福鹿先生在担任教练员期间,讲究动脑打球、讲究团队篮球,临场指挥果断自信。杨福鹿先生曾说:"我一生当过运动员、教练员、领队,也担任过处长、副司长、院长,但我最感兴趣的仍是篮球,因为篮球最富有挑战性和观赏性。"

5. 新中国篮球同行者——程世春

程世春(1930—),河北省冀县人,中国著名篮球教练员,运动员。1999 年入选"新中国篮球 50 杰",2022 年 6 月 30 日,中国篮球协会名人堂委员会以"特别致敬"方式举荐 15 位中国篮球前辈直接进入中国篮球名人堂,程世春先生位列其中。

1930 年,程世春先生出生于天津,从青少年时期就展现出出众的篮球运动天赋。中学时代,他进入天津工商附中读书,这座学校有很好的体育基础和设施,离教学楼不远处的 6 块篮球场就是程世春先生篮球梦开始的地方。他一开始并非专项练习篮球,而是在学校田径队练习三级跳、跳远、跳高、铅球、铁饼、标枪等基础项目,这让他在接触篮球运动之前就打下了很好的身体素质基础,尤其是对于篮球运动员最重要的四肢力量和爆发力。通过校内选拔,程世春先生正式加入"晓光"校内篮球队。那时没有灯光球场,为了磨炼他们的意志,教练员把训练安排在每天下午 4时。尽管条件艰苦,但程世春先生始终坚持随队训练、比赛。那时没有正规的运动服,他就用一件新的白背心当队服,到商店里印上号码。战绩卓著的"晓光"篮球队在当地很快引起关注,打球爱动脑筋的程世春也成为球队的主力队员。当上级部门决定组建第一支篮球国家队时,"晓光"篮球队向国家队输送了程世春先生等 3 名球员。来到国家队后,程世春先生自称从"游击队"变成了"正规军",有了统一的运动服、运动鞋,尤其是运动员胸前的两个大大的"中国",让他有了更多的荣誉感和责任感。很快,程世春先生迎来第一次出访任务,参加 1949 年 8 月在匈牙利布达佩斯举办的第二届世界青年联欢节和第二届世界民主青年联盟代表大会。这是国家队首次亮相,虽然每场都会输给对方二三十分,但好在队员们没有放弃,即便场场大比分落后,仍打出了精气神。这次出访让从小打球就不服输的程世春先生开始认识到中国篮球与世界先进国家篮球技战术水平的差距,使他意识到中国篮球要想崛起,必须有自己的特色。经过实践总结,中国篮球运动确立了"小、快、灵"的风格和技术特点。在比赛中多次被对手封盖的程世春先生随队回到北京后反复琢磨该怎样弥补身高的不足,找到更从容出手投篮的空间。有一天训练时,他看到球队器材室里有一根标枪,这让他回想起中学时期练习投掷的经历。能不能利用脚步配合手臂的固定姿势完成跳投呢?有了这个想法,程世春扔下标枪,小跑着返回篮球场,练了起来。有了这个绝招,程世春先生在国家队里逐渐打出名堂。三年后,他随中国男篮参加了1952年赫尔辛基奥运会,再次碰到欧美身材高大的运动员,将自己的技术特长淋漓尽致地发挥出来。程世春先生曾说到:"说起来科比、乔丹的撤步跳投都在我之后,我在20世纪50年代就做了这个动作。但你要说这个动作是怎么发明的,真是给逼出来的,个子不够高呗!当然我这个动作确切说属于后跨步跳投,向后跨大概1米的距离,让盯防的球员摸不着你。而乔丹他们那个是后仰躲避封盖。"1956—1965年程世春先生任北京女篮教练、副总教练,率队获得1956年全国联赛冠军、第一届全运会亚军。1965年任古巴队援外教练。1966—1980年任国家女篮和男篮教练、总教练。做为教练员,程世春先生善于观察、勤于动脑。经过仔细观察他发现,农民的脚步动作之所以灵活自如,与腰腹力量控制力有直接关系。他开始注重对运动员腰部肌肉训练,并结合肌肉练习改善球员脚步移动,最终总结出"腰动脚随"的训练心得。有了脚步移动上的优势,"小、快、灵"的球风立马"活"了起来,他执教球队在攻防脚步动作上有了明显进步,无论个人摆脱防守,还是盯防对方持球队员,都可以从容应对。程世春先生无论是当教练员,还是做运动员,都对胜利充满了渴望。他常把《孙子兵法》挂在嘴边:"兵者,诡道也……凡战者,以正合,以奇胜。这就要求教练员必须动脑子,琢磨战

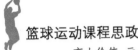

术,不能一种战术用顺手了就一成不变地使用。"

6.中国男篮第一位少帅——陈文彬

陈文彬(1931—1979),河北乐亭人,中国著名篮球运动员、教练员,中国男篮历史上最年轻的主教练。2022年6月30日,中国篮球协会名人堂委员会以"特别致敬"方式举荐15位中国篮球前辈直接进入中国篮球名人堂,陈文彬先生位列其中。

中学时代,陈文彬先生就读于北平二中,曾获得北平市中学篮球冠军。当时他还是"未名"篮球队一员,该队由范政涛执教,在20世纪四五十年代活跃于北京篮坛。陈文彬先生是新中国第一批男篮国手之一,多次代表国家出国参赛。1949年8月,新中国成立前夕,解放区派出大学生篮球队参加在匈牙利布达佩斯举办的世界青年联欢节,陈文彬先生是8名队员之一。最终,该队在9支队伍中获得第6名。1950年8月,世界学生第二届代表大会体育比赛在布拉格举行,陈文彬先生入选中国大学生男子篮球队。这是新中国首次派出"国字号"球队出国参赛,中国队在6支队伍中获得第4名。1951年8月,随队参加第三届世界青年联欢节,中国大学生队在10支球队中获得第6名。1952年7月至8月,作为中国男篮国家队成员随中国体育代表团赴芬兰赫尔辛基参加第十五届奥运会。同年9月,参加国际学联理事会运动会,在7支队伍中获得第3名。1953年8月,参加第四届世界青年联欢节,中国队在17支队伍中获得第5名。1954年8月,随队赴布达佩斯参加第十二届世界学生夏季运动会,在13支球队中获得第5名。1955年,24岁的陈文彬先生开始执教中国男篮,成为中国男篮历史上最年轻的主教练。1955年8月,率队参加第五届世界青年联欢节,获得第5名。1959年,率队击败来访的匈牙利、保加利亚、捷克斯洛伐克等篮坛劲旅。陈文彬先生在执教中灵活多变,强调集体性和战斗性,同时非常擅长做运动员的思想工作,能够调动大家的积极性和战斗力。在他的指导下,中国男篮当时的技术水平和欧洲强队不相上下。1970年,陈文彬先生出任北京篮球队总教练。1977年,执教北京男篮。1978年,率队获得全国篮球甲级联赛第4名。1979年,48岁的陈文彬先生率北京队到上海参加火车头杯篮球邀请赛,比赛结束之后,他突然心脏病发作,最终抢救无效。陈文彬先生在赛场上运筹帷幄,在赛场外刻苦钻研,坚持学习,论著颇丰。他曾自学俄语,与他人合作翻译了俄语著作《球类运动的一般理论问题》,后又翻译出版《篮球技术战术和训练》,曾撰写《篮球训练工作》《中国篮球风格与训练浅探》《技术训练大纲》《战术汇编(一)——进攻盯人防守的战术部分》等多部专著,为中国篮球运动的理论研究做出杰出贡献。

7. 文武兼备的篮坛才子——白金申

白金申(1932—2002),天津市人,中国著名篮球运动员、教练员。1999 年入选"新中国篮球 50 杰",2022 年 6 月 30 日,中国篮球协会名人堂委员会以"特别致敬"方式举荐 15 位中国篮球前辈直接进入中国篮球名人堂,白金申先生位列其中。

1957 年和 1958 年,白金申先生代表北京队参加全国篮球甲级队联赛,均获得亚军。不久后,白金申先生退役,走上教练岗位。1960 年,出任北京青年女篮教练。1970 年,出任北京女篮主教练,带领北京女篮重返强队行列。1972 年,北京女篮在全国五项球类比赛上获得亚军。1973 年,获得全国甲级队联赛第三名。1975 年第三届全运会上,北京女篮以 12 胜 1 负的战绩时隔 16 年再次夺得全运会冠军。1979 年,率领北京女篮夺得第四届全运会冠军,同年又赢得了全国篮球联赛女篮冠军,实现一年双冠。白金申先生做为北京女篮功勋教练,在 20 世纪 70 年代创造了北京女篮历史上的第二个辉煌时代。1981 年至 1983 年,担任北京队总教练。在此期间,北京女篮和北京男篮成绩出色,分别获得 1981 年全国篮球联赛女篮冠军和 1983 年第五届全运会男篮冠军。白金申先生的执教风格是工作认真细致,善于运用形象化教学。临场指挥沉着、果断、机敏。白金申先生经常到篮球教练员学习班及大中小学授课,他生动有趣的演讲受到广大运动员、教练员的好评,被誉为"文武兼备的篮坛才子"。白金申先生说:"现代篮球运动的水平越来越高,这就要求教练员要有思想和谋略。作为一名教练,就应具备敏锐的观察力,事先把握主动性,善

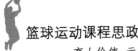

于用兵用计。"

8. 中国篮球教父——钱澄海

钱澄海(1934—2008),浙江鄞县(今鄞州)人,中国著名篮球运动员、教练员,国际篮球联合会世界教练员协会副主席,第三、五、六届全国人大代表。被国家体委授予"全国体育优秀标兵"称号,1999年入选"新中国篮球50杰",2022年6月30日,中国篮球协会名人堂委员会以"特别致敬"方式举荐15位中国篮球前辈直接进入中国篮球名人堂,钱澄海先生位列其中。

钱澄海先生15岁开始打篮球,多次入选中国男篮国家队。他的身高仅有1米82,司职组织后卫,在球场上跑动积极、短传迅速,打法十分灵活,成为那一代中国篮球"快、准、灵"风格的突出代表人物。转身跳投的发明者正是钱澄海先生。1956年,中国队与苏联队进行友谊比赛,面对刚刚夺得世界亚军的对手,钱澄海先生以自己独创的转身跳投技术,在比赛中独得30分,率队战胜苏联队。1959年,钱澄海先生与队友先后战胜了来访的匈牙利、捷克斯洛伐克和保加利亚这三支欧洲劲旅。1962年,与队友征战东南亚,大获全胜,夺得冠军。1963年,与队友获得第一届新兴力量运动会男篮冠军。钱澄海先生成为新中国第一批运动健将,并获得"全国体育优秀标兵"称号。1959年,在人民大会堂国宴上,钱澄海先生曾被分管体育工作的贺龙元帅这样介绍给周恩来总理:"他是队长,是党员,场上什么时候有困难,他上去就能解决了。"1964年,钱澄海先生退役后担任国家男篮助理教练,1972年又出任主教练直至1988年奥运会。1975年,钱澄海先生率队首次参加亚锦赛便夺得冠军,先后完成亚锦赛五连冠,先后两次夺得亚运会冠军。1986年,钱澄海先生率领中国男篮在世锦赛上表现出色,战胜波多黎各、希腊等篮坛劲旅,在全部24支参赛球队中名列第9名,创造了当时中国男篮参加世界大赛的最佳战绩。这支中国男篮被时任国际篮球联合会(FIBA)主席的斯坦科维奇先生,称为是"世界上最聪明的球队"。1988年奥运会结束后,钱澄海先生离开国家男篮主帅位置。他在任期间,先后培养出了张卫平、匡鲁彬、宫鲁鸣、穆铁

40

柱等多名优秀球员,创造了中国男篮的新时代,为中国篮球运动发展积累了丰富经验。

9. 从球星到名帅再到篮球掌门人——杨伯镛

杨伯镛(1935—   ),云南省建水县人,中国著名篮球运动员、教练员、管理者。被国家体委授予"全国体育优秀标兵"称号,1999年入选"新中国篮球50杰",2022年6月30日,中国篮球协会名人堂委员会以"特别致敬"方式举荐15位中国篮球前辈直接进入中国篮球名人堂,杨伯镛先生位列其中。

杨伯镛先生从小学二年级就迷上了篮球运动。为提高投篮命中率,他在家中小院的两根柱子上挂了两个竹篮,在月光下练习投篮。杨伯镛先生回忆道:"那时,我练得很苦,但却受益匪浅。"1958年,时任国家体委主任的贺龙元帅说:"杨伯镛能代表中国队,球打得那么好,具有贡献和牺牲精神,是党把他培养起来的,为什么不能发展他加入中国共产党呢?"随后不久,他光荣地加入了中国共产党,并被授予"全国体育优秀标兵"称号。从此,杨伯镛先生就把自己的一生交给了党。他在担任国家女篮主教练期间,强调女子篮球男子化,身体素质训练要天天进行,比赛期间也不能间断。杨伯镛先生说:"要想带好女篮,教练应懂得选拔和使用人才。丛学娣投篮准、速度快、传球好;陈月芳让人感觉很有个性;郑海霞很开朗,又非常聪明。正是看中了她们三人的特点,我才把她们挑选上来,重点使用。"担任中国女篮主教练期间,他强调女子队员男子化和严格要求、严格管理的理念。率领中国女篮在1983年第九届世界女子篮球锦标赛上获得第3名,1984年第二十三届奥运会女子篮球比赛获得第3名,实现了中国女篮奥运会和世锦赛历史性突破。自1986年起,杨伯镛先生先后担任国家体委训练竞赛二司篮球处处长、二司司长、中国篮球协会副主席兼秘书长。

10. 中国篮球黄金一代教父、辽宁篮球掌门人——蒋兴权

蒋兴权(1940—   ),辽宁兴城人,中国著名篮球教练员。1999年入选"新中国篮球50杰",2022年,作为9位第一批"入堂人物"之一,入选

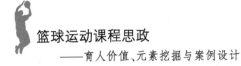

中国篮球名人堂。

蒋兴权先生 1970 年出任辽宁男篮主教练,20 世纪 80 年代末开始的辽宁男篮第一个黄金时代,就是在蒋兴权先生执教时开创的,当时的辽宁男篮不仅获得了四次全国甲级联赛冠军,还夺取了第四届亚洲俱乐部冠军杯的冠军,创造了辽宁男篮历史上的第一个高峰时期。蒋兴权先生在篮球领域的贡献和成就并不仅限于辽宁,蒋兴权先生于 1990 年出任中国男篮主教练,带领中国男篮参加了多项国际大赛,六次取得亚洲冠军,四次进入奥运会。尤其是在 1994 年,蒋兴权先生带领中国男篮夺得世锦赛第八名,这也是中国男篮在参加世界篮球锦标赛历史上的最佳战绩。1995 年,调入辽宁省体委任副主任。1996 年被选为中国篮球协会副主席。1999 年,再次出任中国男篮主教练,率领中国男篮夺得亚洲篮球锦标赛冠军。2003 年,第三次出任中国男篮主教练,率队获得第 22 届亚洲篮球锦标赛冠军。2014 年,第四次重返国家队,担任新一届中国男篮技术顾问。回顾往日篮球岁月,蒋兴权先生发出这样的感慨:"回顾我这辈子的篮球工作,对自己还是比较满意的。但如果说我取得了些成绩,也是国家培养的我。"

11. 亚洲第一中锋——穆铁柱

穆铁柱(1949—2008),山东菏泽人,中国著名篮球运动员,司职中锋,被称作"亚洲第一中锋"。1999 年入选"新中国篮球 50 杰",2022 年,作为 9 位第一批"入堂人物"之一,入选中国篮球名人堂。

穆铁柱先生在很小的时候,身高就比同龄的小伙伴高了一大截,在他 16 岁时,身高已达 2 米。机缘巧合之下,穆铁柱先生遇到了他的人生伯乐,那时他在街上摆了一个小摊位卖鸡蛋,他坐下来比别人站着还要高。1968 年,恰好是山东省体委选拔体育人才,张凤奎教练在人来人往的市场中,一眼就看到了这么一位身高出众的少年。就这样,穆铁柱先生跟篮球运动结下不解之缘。由于身材高大,手脚就不会特别协调,行动甚至有点笨重。穆铁柱先生的恩师余邦基先生交给他一个任务,不管刮风下雨,每天必须进行一万米体能训练。每天一万米,对于已经十八九岁且身高达 228 厘米的穆铁柱先生来说,是非常大的挑战与困难,况且他学习篮球运动时其实已经错过了最佳的年龄阶段,但在他的身上有一股永不言弃的精神与力量,他比常人更努力,更刻苦。中国男篮开始称霸亚洲,就是从穆铁柱先生时代开始的。穆铁柱先生曾在对阵苏州队的比赛中,单场砍下 80 分,创造了中国篮球史上的单场得分纪录,被称为"亚洲第一中锋",高大健壮的身躯让他成为内线的"霸主",他曾帮助中国男篮取得多项荣誉,他的出现正式开启了中国男篮的"中锋时代"。穆铁柱先生在篮球运动生涯中获得 1 次亚运会冠军,1 次世界俱乐部锦标赛亚洲冠军,蝉联亚锦赛 3 连冠等。

12. 中国女篮成长道路上的坚守者——许利民

许利民(1966—　　),辽宁抚顺人,中国著名篮球教练员,运动员。2017 年为表彰其带领北京女篮勇夺 3 次 WCBA 总冠军,被评为"首钢劳动模范"。2022 年,作为 9 位第一批"入堂人物"之一,入选中国篮球名人堂。

许利民担任北京首钢青年女篮主教练、北京首钢男篮教练期间,经常观看各类比赛,积累战术贮备和知识素养。许利民的执教生涯并不是一帆风顺,刚开始接手北京女篮时,成绩并不理想。许利民开始怀疑自己,是不是自己不适合当教练,这也让他打起了退堂鼓。在领导的支持与鼓励下,他开始进行训练创新,研究出一套属于自己的执教风格与执教方案。执教北京首钢女篮七年间,多次带领球队获得 WCBA 联赛的冠军和亚军,培养出一大批优秀的女子篮球运动员。2017 年,中国篮球协会任命许利民为中国女篮新一届主教练,主要目标是冲击奥运会八强。许利民执教中国女篮后,一方面敢于起用新人,另一方面善于钻研总结,能够在各种比赛中做到临危不乱。在一场对阵韩国队的比赛中,中国队在第三节已经落后韩国队二十多分,看到球员在场上有些懈怠,许利民马上叫了暂停,把队员们痛训一顿,"要想成为强队,就必须要从这些细节做起,只有这样,遇到更强大的队伍才能不吃亏"。他在每次赛前给队员们打气加油时,总是充满激情和动力,也能明显地感受到队员们振奋的精神面

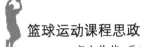

貌。2019 年世界杯中国男篮失利后,许利民觉得自己身上的担子更重了,因为中国女篮要撑起中国篮球的底气,既然这个担子压在自己身上,就一定要承受住,一定要敢打敢拼,不能畏手畏脚,更不能怕输。2020 东京奥运会中国女篮出征前夕,全队一起拍摄了全家福,其中一个细节吸引了广大球迷,那就是中国女篮主教练许利民的右脚戴着护具。原因是,备战期间,许利民跟腱断裂,为了不耽误比赛中的指挥作战,一直采取保守治疗。此届奥运会,中国女篮虽然最终未能闯入半决赛,但预选赛击败西班牙、正赛战胜澳大利亚,见证了中国女篮的成长与进步。赛后,许利民对中国女篮队员说道:"虽败犹荣,对我们来说这是个完美的奥运会过程,不可能一直赢球,这就是人生。我们把所练、所想都做到了,做到了超出我们正常范围内能做的,很好地完成了制订的奥运会计划,出色地完成了任务,没有遗憾。"

13. 技术全面 攻守俱佳——宋晓波

宋晓波(1958—   ),北京人,中国著名篮球运动员。1999 年入选"新中国篮球 50 杰",2022 年,作为 9 位第一批"入堂人物"之一,入选中国篮球名人堂。

1958 年,宋晓波生于首都北京。她的先天条件十分出色,在球场上司职前锋。从北京什刹海体校队开始,宋晓波一路入选市中学生代表队、北京青年队、北京队,17 岁进入国家队。宋晓波擅长运球过人,跳投出手角度多变,底线穿插十分灵活,攻守两端都很出色。1975 年,全运会北京女篮夺冠,队中宋晓波的年龄虽小,却已经显现其未来的发展潜质。1979 年和 1983 年两届全运会,1977、1979、1981 三次全国篮球联赛,宋晓波均以主力身份带领北京女篮夺冠。1979、1982、1983 年,宋晓波三度当选为"全国十佳运动员"。在 1976 年举行的第六届亚洲女篮锦标赛上,宋晓波崭露头角,她与队友合作取得 6 战全胜,尤其是决赛面对亚洲强队韩国队,充分展现全能队员风采,跳投、突破、篮板、助攻、盖帽样样俱全,最终以 73:68 战胜对手,历史上第一次获得亚锦赛冠军。1982 年,新德里亚运会,宋晓波与队友再次击败韩国队夺冠。在国家队期间,宋晓波共参加了 100 多场国际比赛,多次被评为"最佳球员"。1983 年,在参加第 9 届女篮世锦赛时,身为队长的宋晓波,成为中国女篮头号得分手,凭借场均 17.6 分的表现,排名得分榜第 4 位,并入选最佳阵容。1984 年奥运会,宋晓波成为中国代表团升旗手,中国女篮再次获得季军,洛杉矶奥运会获得的铜牌,既是宋晓波在奥运会上的起点,也成为了她的终点。1985 年退役后,担任国家女篮助理教练。1988 年,辞去女篮助理教练职务,远赴澳大利亚等地执教。1996 年,宋晓波返回祖国,开始致力于中国篮球后备人才培养,在北京等地相继建立了以自己名字命名的篮球俱乐部,为推广篮球运动做出自己的贡献。

14. 小身材、大作用——丛学娣

丛学娣(1963—),山东莱阳人,中国著名篮球运动员。1999 年入选"新中国篮球 50 杰",2022 年,作为 9 位第一批"入堂人物"之一,入选中国篮球名人堂。

1981 年,丛学娣进入上海青年队,开始自己的职业生涯。她身高仅有 1 米 66,在场上司职组织后卫。随后被选入上海女篮一队,于 1984 年和 1985 年,两度获得全国女篮甲级联赛亚军,并入选最佳阵容,获得全国"最佳投手"奖。随着丛学娣比赛经验的丰富,她渐渐意识到矮个队员如果要打出名堂,就必须要做到扬长避短,通过大量练习,提高自己控球、传球技能,充分发挥小个子队员敏捷与细腻的特点。1984 年,丛学娣首次代表国家女篮出战世界大赛,获得奥运会第 3 名,之后,又相继在 1986 年世锦赛和 1988 年奥运会上,作为主力队员为中国女篮屡建战功。1989年,丛学娣从国家队退役,但中国女篮成绩出现滑坡,丢掉 1990 年亚运会冠军。1991 年,她又重新回到国家队,出现在 1992 年巴塞罗那奥运会赛场上,此届奥运会中国女篮以第二名成绩取得历史性突破,丛学娣场均得到 12 分,是队里的第二号得分手。1993 年,丛学娣正式退役,创办了以她自己名字命名的篮球俱乐部。1995 年至 2002 年期间,她曾担任上海女篮主教练,率队获得 1996 年乙级联赛冠军。1997 年在上海举行的第八届全运会上,她又率队获得季军;1998、1999 年女篮甲级联赛,丛学娣

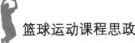

相继带队获得第6名和第9名。2003年起,她又担任了国家女篮二队教练。2005年开始任上海女篮主教练,2011年离开主教练员岗位。谈到自己从事篮球运动的体会时,她说道:"你只有热爱你自己的运动,才会动脑筋,才会付出,才会有自己的目标。打球你不能永远停留在自己先前的基础上面,就包括我们现在的比赛也是一样,一定要有想象力,创造力,而不能把以前的东西按部就班的来做。当你有创造力了,你就能去挑战更新的目标。"

15. 中国女篮第一人——郑海霞

郑海霞(1967—),河南商丘人,中国著名篮球运动员,是中国篮球界进入WNBA的第一人,被誉为中国女篮第一人。2021年,国际篮联宣布前中国女篮球员郑海霞入选国际篮联名人堂,1999年入选"新中国篮球50杰",2022年,作为9位第一批"入堂人物"之一,入选中国篮球名人堂。

郑海霞1967年出生于河南省商丘市柘城县梁庄乡任庄村,身高2.06米,被誉为是中国女篮第一人。1983年,16岁的郑海霞入选中国女篮国家队。次年洛杉矶奥运会,年仅17岁就成为中国女篮的主力中锋。她身高体壮、能攻善守,尤其是篮下强攻威力很大,郑海霞投篮命中率高达59%,居全队之首,被外国记者称为"中国的长城"。在几十年的运动员生涯中,让她感到最痛苦的就是常常受到伤病的困扰。当同伴在球场上刻苦训练时,自己却力不从心,本来应该在场上发挥更大的作用,但却因伤病不能继续为国争光。在1996年亚特兰大奥运会上,由于郑海霞当时的伤病很重,身体已不具备参加激烈竞争可能,中国女篮未能进入前八名,这也是郑海霞参加的最后一届奥运会,1998年因伤宣布退役。郑海霞伤病主要在腰部和腿部,她不能跑,不能长时间走路,几乎所有行动都会受到影响。即使这样,郑海霞仍无怨无悔,她认为这就是自己对篮球运动的执着、热爱所付出的代价,她能乐观、平和地对待这一切,因为,篮球运动带给她太多的快乐和荣誉,她很知足,并说道:"体育和篮球给我带来了无限快乐,我还是执着依旧。"郑海霞参加过4届奥运会、4届世锦赛、4届亚运会和8届亚锦赛,曾带领中国女篮夺得过1984年洛杉矶奥运会铜牌,1992年巴塞罗那奥运会银牌。郑海霞还曾登陆美国职业女篮联赛WNBA,加盟洛杉矶火花队。

16. 篮坛战神——刘玉栋

刘玉栋(1970—),福建省莆田市人,中国著名篮球运动员,绰号"战神",曾是中国第一位连任两届奥运会旗手的篮球运动员。2022年,作为9位第一批"入堂人物"之一,入选中国篮球名人堂。

刘玉栋1970年10月23日出生于福建省莆田市的一个农村家庭,他的父亲身高只有1米75,母亲身高1米65,是地地道道的农民。刘玉栋在15岁之前根本就没有碰过篮球,甚至从来没有上过体育课。1985年,福建省青年队教练员去地方寻找打篮球的好苗子,由于刘玉栋身体素质好,有宽肩厚背的体型,虽然当时身高还只有1米80,并没有任何篮球运动基础,但仍被教练员破格录取,而刘玉栋为了能够每天吃饱饭,就同意去体校训练。初次接触篮球运动,虽然与很多从小就训练的篮球运动员有着很大的差距,但是刘玉栋非常刻苦,有着异于常人的毅力、耐力和持久力。由于他刻苦努力,仅一年多时间,就被选入福建省男篮一队,第二年成为球队主力球员,但因为福建省男篮解散,刘玉栋面临着无球可打的局面。球队解散后不久,刘玉栋被南京军区部队选中,之后进入八一男篮。1993年,刘玉栋作为八一男篮最年轻的球员第一次参加了全运会比赛,并且随队获得全运会男篮冠军,从此,刘玉栋这个名字开始真正响彻中国篮球界。1994年,刘玉栋作为国家队重要成员,在世界男篮锦标赛中夺得第八名的好成绩。不论在CBA联赛,还是国际大赛,他中投命中率高,被媒体称为"中投王"。1996年亚特兰大奥运会和2000年悉尼奥运会的旗手都是刘玉栋,他也是国内第一位连任两届奥运会旗手的篮球运动员。2003年,刘玉栋膝盖伤势加重,五个小时的手术结束后,从他的膝盖中取出十块碎骨。当时他的队友阿的江感慨道:"十块碎骨在膝盖里磨损,一般人连走路都困难,他却征战了一个赛季,不仅仅是铁人,也是真正的战神。"手术后,刘玉栋重返赛场,仍能轻松拿下20+的数据,并且

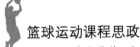

多次在关键比赛中命中关键球。2010年,刘玉栋因半月板严重损伤错过季后赛,被迫提前退役。2018年10月18日,CBA公司在2018—2019赛季新闻发布会上推出了新版MVP奖杯,这款奖杯被命名为"战神杯"。刘玉栋有着耀眼的运动成绩和表现,他帮助八一男篮夺得过四次全运会冠军、八次进入总决赛七次夺得CBA总冠军,个人两次获得CBA联赛最有价值球员、一次CBA常规赛最有价值球员,一次CBA联赛得分王,两次CBA全明星赛最有价值球员,四次入选赛季最佳阵容,九次入选CBA全明星赛,是CBA历史上唯一一位单赛季独揽"联赛最有价值球员""常规赛最有价值球员"和"得分王"三项殊荣的运动员,被评为"CBA十年最佳球员"。在代表国家队出战期间,刘玉栋与队友夺得过四次亚洲男子篮球锦标赛冠军、两次亚运会冠军,并在1994年与队友取得世界男子篮球锦标赛第八名的历史最好成绩,又在1996年与队友首次闯进奥运会八强。

17. 中国乔丹——胡卫东

胡卫东(1970—   ),江苏省徐州市人,中国著名篮球运动员。1999年入选"新中国篮球50杰",2022年,作为9位第一批"入堂人物"之一,入选中国篮球名人堂。

胡卫东出生于1970年,身高1.98米,司职得分后卫。因为他身高和乔丹相仿,弹跳出众,得分手段多样,所以有着"中国乔丹"的美誉。胡卫东首次和NBA结缘在1995年,在一场NBA明星队和CBA明星队比赛中,胡卫东在对位NBA球星哈达威时,胡卫东突破犀利,在对抗中丝毫不处于下风,无所畏惧。真正让球迷记住胡卫东是在同年中国男篮和美国男篮的热身赛中,胡卫东面对美国NBA球员皮蓬的防守完成了一次扣篮,这个进球也为胡卫东赢得"中国乔丹"的美誉。一年之后,中国男篮到美国参加夏季联赛,胡卫东遇上刚刚进入联盟的科比。结果胡卫东在科比面前得到30分,引起NBA球探关注。1998年,NBA小牛队为其提供了一份为期10天的短期合同,但由于胡卫东当时正好膝盖受伤,就此错过第一次机会。2000年,NBA魔术队也主动联系胡卫东,为其提供一份为期 10 天的短约,希望胡卫东立即前往 NBA 征战。但由于江苏队正值 CBA 季后赛期间,最终胡卫东还是没有前往 NBA。2005 年小牛队(独行侠队前身)主帅老尼尔森和时任中国男篮主帅哈里斯专门为胡卫东送上一件小牛队的荣誉战袍"8 号",以示对胡卫东的敬意。胡卫东在 2005 年正式退役,结束了他二十多年的运动员生涯。胡卫东有着闪光的运动成绩和表现,从 1985 年起,胡卫东先后在江苏青年队、江苏队、国家青年队、国家队效力。1993 年 11 月,参加于印度尼西亚举行的第 17 届亚洲男子篮球锦标赛,与队友获得冠军。1994 年 9 月,日本广岛第 12 届亚运会,与队友获得冠军。1995 年,在韩国汉城举行的亚洲男子篮球锦标赛中,胡卫东与队友获得冠军。胡卫东职业生涯先后当选 1995—1996 赛季、1996—1997 赛季 CBA 常规赛最有价值球员。1999 年,胡卫东获得第二十届亚洲男子篮球锦标赛最有价值球员称号。

18. 亚洲 NBA 第一人——王治郅

王治郅(1977—   ),北京市人,中国著名篮球运动员,中国篮球界进入 NBA 的第一人。2022 年,作为 9 位第一批"入堂人物"之一,入选中国篮球名人堂。

1991 年王治郅进入八一青年队,1994 年入选国家男子篮球集训队,1995 年入选国家青年队,1996 年入选中国男篮,随队出征亚特兰大奥运会。2014—2015 赛季后,结束篮球职业生涯。退役后,担任八一男篮助理教练和主教练。整个 CBA 生涯,王治郅共拿下 9688 分、3621 个篮板、852 个盖帽、638 个助攻和 561 次抢断。是继刘玉栋之后,CBA 历史上第二个总得分超过 9000 分,第一个盖帽超过 800 次的球员。他拥有灵活的进攻脚步,惯用左手,曾参加过四次奥运会并两次打入八强。1996 年奥运会,王治郅作为中国男篮历史上最年轻的国手,在全部八场比赛中,得到 11.1 分、5.6 个篮板、2 次盖帽的数据,中国队首次进入奥运前八,王治郅被称为"追风少年"。1999 年,王治郅被小牛队以第二轮第七顺位选中,2000 年奔赴美国 NBA 打球,2006 年回国。2010 年广州亚运会,在缺少姚明和易建联的情况下,33 岁的王治郅扛起大旗,率队蝉联亚运会冠

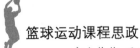

军。赛后,中国队球员纷纷将金牌挂在王治郅脖子上的一幕,堪称中国男篮的经典瞬间。从1996—2016年的20年间,王治郅先后为国家队征战了四届奥运会、两届世锦赛、六届亚锦赛和三届亚运会。2016年7月,中国篮球协会在北京为王治郅举行了退役仪式。从少年成名的意气风发到八一男篮的中流砥柱,王治郅是一名成功的篮球运动员。王治郅在接受采访时曾感慨道:"当别人看不起你时,你一定要看得起自己。"这句话展现了王治郅对篮球运动敢于超越自己,永不言败、永不服输的精神品质。

19. 中国的移动长城——姚明

姚明(1980—   ),上海市人,中国著名篮球运动员,绰号"移动长城",2002年以状元秀身份入选NBA,现任中国篮球协会主席。

1980年9月12日,姚明出生于上海市第六人民医院,出生时体重5公斤,比普通新生儿重了几乎一倍。姚明的父亲姚志源身高2米08,母亲方凤娣身高1米88,两人均是篮球运动员。1998年4月,姚明入选王非执教的国家队,开始篮球生涯,5月赴美国印第安纳波利斯参加耐克篮球夏令营,同年作为上海队主力获全国男篮甲A联赛第5名,并入选中国篮球明星队。1999年5月,入选中国男篮,获1999赛季全国男篮甲A联赛最有进步球员奖,8月参加在日本举行的亚洲男子篮球锦标赛,与队友配合获得冠军。2000年2月,入选1999年亚洲全明星队,1999—2000年全国男篮甲A联赛,个人获1999—2000赛季全国男篮甲A联赛篮板、扣篮、盖帽三个单项奖。2002年,以"状元秀"身份被NBA休斯敦火箭队选中,NBA生涯8次入选全明星,5次入选最佳阵容。2010年11月10日,是他职业生涯最后一场比赛,12月18日,火箭队医确认姚明因再次脚踝中部骨折无缘赛季。2015年2月,姚明正式成为北京申办冬奥会形象大使之一,3月被评选为"全球50位最杰出的领袖人物",10月,成为中国"火星大使"。2016年4月,姚明正式入选2016年奈史密斯篮球名人纪念堂,成为首位获此殊荣的中国人。2018年9月,荣获第十届"中华慈善奖"慈善楷模奖项,11月被国家体育总局推荐为"改革开放杰出贡献奖项"的候选人选,12月获得"2018年度大本钟奖之赫拉特勒斯奖之改革开放四十周年十大杰出华裔体育贡献奖"。2019 年 6 月,当选为亚篮联中央局主席。2022 年 2 月 2 日,姚明参加了 2022 年北京冬奥会火炬接力活动,由此成为"双奥"火炬手。

第五节　篮球运动的经典励志故事元素挖掘

一、篮球运动经典励志故事元素挖掘的意义

励志是指能够激励人们积极向上的,让人们保持阳光乐观心态的一种表现形式。百余年的篮球运动发展历程,中外篮球运动员的成长轨迹与奋斗事迹,时刻影响与激励着当下青少年从事篮球运动,使青少年从喜爱一个球星和一个球队,到喜欢篮球运动,从事篮球运动;从苦练技能,到领悟篮球运动所蕴含的拼搏进取、超越自我、团结合作的人本精神。解析篮球运动经典励志故事,其目的在于以"故事"为线,寓事于情,启人心智,使更多的青少年以篮球前辈为榜样,展示爱国、奋斗、拼搏、进取的人生价值,使篮球运动经典励志故事,在课程思政融入篮球课程教学中得到充分展现。

二、篮球运动经典励志故事元素的实例解析

（一）虎啸篮坛——扬国威、振国志

1928 年,张伯苓校长委派南开中学篮球队以南开大学队名义参加在太原举行的华北地区大学组篮球比赛,比赛中他们一路过关斩将闯入最后决赛。最终南开队以 16 分的优势战胜北师大队,获得华北地区大学组篮球比赛的冠军。不久之后,学校接到来自上海体育协会和上海南开分校的邀请,到上海与 3 支篮球强队进行友谊赛。当时访问日本获得全胜战绩的菲律宾圣提托马斯大学篮球队回国途中经过上海,听说南开队在上海 3 战 3 捷后,非要与之比试。南开队请示天津校方,张伯苓校长回

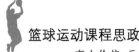

电:"打、坚决打、要打赢!"队员们得到校长和全校师生的支持后备受鼓舞,信心大增,决心要用胜利为校争光、为国争光。南开队迎战菲律宾队的消息不胫而走,传遍上海的大街小巷,球票由六角涨到一元,即便这样,还是疯抢一空,开场前三个小时,场馆外面已聚满人群,场馆大门两次被撞开,观众如潮水般涌进场地,致使队员进场后无法进行热身活动,比赛就更没有办法正常开始。在劝说无效的情况下,裁判机智地宣布:"如果球场还是这种情况,那么今天的比赛就取消,什么都别看了!"听到这,观众终于平静下来,在工作人员的再三引导下,观众终于回到看台,焦急地等待这场难得的高水平国际比赛。比赛开始,菲律宾队根本没有把南开队当回事儿,但当看到南开队人人能攻善守,配合娴熟之后,马上集中精力,调兵遣将,展开激战。上半场两队战成平局,下半场比分依然十分胶着,最后时刻,南开队领先两分,对方持球进攻,此时唐宝堃断球成功,一条龙运球突破到篮下,对方防守队员及时回防,面对高大的防守队员,唐宝堃将球投中。这时比赛结束的锣声响起,南开队以 37∶33 获胜。在场的观众冲进赛场,将为国争光的南开队员高高举起,这一刻所有的中国人都在享受胜利的喜悦。南开五虎在上海滩四战全胜,从此也落下了"专打洋鬼子"的美名。南开队打败菲律宾队的消息犹如一声春雷在全国炸响,国人无不欢欣鼓舞。"南开五虎"自沪上载誉归津后,继续刻苦训练。1928 年冬,球队远征东北,六战六捷。1930 年,南开篮球队又先后获得万国篮球赛冠军、杭州第四届全国运动会篮球冠军。不久,"南开五虎"又作为主力队员加入中国篮球代表队,赴日本参加第九届远东运动会为国效力。当时南开的篮球代表着天津篮球,而天津篮球也代表着中国篮球运动的最高水平。

(二)女篮英杰——威震日本

上海两江女子体育专科学校的女子篮球队接连战胜过曾获上海三连冠的"万国女子篮球锦标队",战胜过称雄一时的外籍女子篮球队"西青队",还北上天津、北平比赛,均获胜而归,因而在国内外享有颇高的知名度。日本体育界邀请球队赴日比赛,姑娘们听到邀请,个个摩拳擦掌,跃跃欲试。应邀吧,可是差旅费怎么办?当时的东北军副司令张学良将军、南开大学校长张伯苓先生以及孙哲生、王万年先生等协力出资,促成她们出征比赛。1931 年 4 月 25 日上午 8 时是预定的起航时间,女子篮球队一行 12 人出发,诸多的体育界人士前来送行,声势浩大,令人振奋。9 时整,汽笛鸣响,送行人歌声、鞭炮声不绝于耳。船在一个半小时后驶出吴淞口。到了江海交汇处,波涛翻滚,船颠簸得很厉害,队员们只好各自躺下,无法动弹。直至中午,才风平浪静。船上的伙食,一小碟咸菜,一小碗汤,米饭虽不错,但没菜也没法吃饱。船上的住宿,一间大统仓,不问男女,统统住在里面,地板就是床板。经过 29 个小时航行,26 日中午 12 点 50 分,船停靠在日本长崎市码头。队员一上岸,就被汽车拉到学校去比赛。由于船在长崎只停留四个多小时,队员又有好几天没有休息好,不少队员因为晕船呕吐,不动不食,身体极度疲乏,但日本女师队执意要比赛,球队也只好应战。一上场,就遇到更改比赛规则的困难,在国内比赛一直是按当时世界女子篮球规则,即三个后卫,三个前锋,各不越中线,体力负担小。日本女师队却要用男子规则,场上队员由六人减成五人,两队 10 人在全场奔跑,疲劳不说,还把球队素有的打法和默契的配合打乱。队员们心里在打鼓,能胜吗?既来之,则安之,必须应战,决不能给中国人丢脸!上半场以 7:3 领先,下半场以 12:7 得胜,总分 19:10,上海两江女子体育专科学校女子篮球队获胜。全场掌声雷动,许多华侨挥动着彩旗彩带,激动得热泪盈眶。有的华侨还兴奋地说道:"谢谢你们,为我们这些流落异国的中国人扬了眉、吐了气。"5 月 3 日下午 6 时,上海两江女子体育专科学校女子篮球队与府立第一高女队比赛。这一队是东京最强的女子队,她们以 25:15 获胜,这次失败,既有对规则不熟悉,场地不熟悉的原因,也有身体疲劳的原因。5 月 4 日下午 7 时,与女青年会队在该会健身房比赛。这是在东京的最后一场,也是来日本后唯一用女子规则的一场比赛。上半场上海两江女子体育专科学校女子篮球队以 14:5 领先,下半场打成 19:3,总分 33:8,获得大胜。上海两江女子体育专科学校女子篮球队在日本、朝鲜总共一个月时间内,历经日本的长崎、东京、大阪、京都、奈

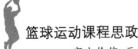

良、神户,朝鲜的京城、平壤,分别与这八个城市的女子篮球队进行了 13 场比赛。13 场中,除两场各负 1 分,一场因疲劳过度负 10 分,一场因特殊原因未终场外,余九场皆大胜,总分为 380:192。

(三)姚明——赛场内外的励志故事

1.姚明征战 NBA 小故事

2009 年 5 月 5 日,全世界的球迷共同见证了一个奇迹的诞生,见证了一种精神,一种承担的精神。姚明带领着火箭队在客场挑战异常强大的洛杉矶湖人队。在比赛前,几乎没有人看好火箭队,他们的天赋并不出众,经验并不丰富,体能和速度也都不占优势,然而,这样的一支球队却在开场之后打了湖人队一个措手不及,让所有人眼前一亮。作为球队领袖的姚明一直被人诟病,自从进入 NBA 开始,评论家就指责他缺少霸气,在关键时刻没有血性,所以姚明尽管个人能力非常出众,但作为一个领袖还是不被很多 NBA 专家认可,然而这次比赛让人们看到了姚明的另一面。面对强大得几乎不可战胜的对手,他用拼命的奔跑,咬牙的坚持,激烈的碰撞一次次将对手反超比分的热情浇灭。离比赛结束还剩几分钟时,双方拼杀已经到了白热化程度。就在此时,意外发生了,带球突破的科比和姚明撞到一起,姚明意外地伤到膝盖,猛然倒地,表情痛苦不堪,微微蜷起身体,双手抱着膝盖,眉头紧皱。临场裁判马上暂停比赛,火箭队队医第一时间跑到姚明身边低声询问着他的伤势。姚明的表情仍旧异常痛苦,队医搀扶姚明离开赛场,就在所有人都认为姚明不会返回球场时,美国记者在走廊里记录下令人震惊的画面。姚明忽然停下脚步,挣扎着要返回赛场。队医连忙拦住他,劝他要保证身体健康,姚明无奈地转身继续向休息室走去。可两条腿向外走着,姚明的目光却一直望着赛场方向。又走了几步之后,姚明坚决地停了下来,他坚持要回到赛场。当姚明再次走回球场时,所有的观众纷纷站起来为他鼓掌。虽然这里是对手的主场,但对方的球迷还是将掌声送给了坚强的姚明。当姚明再次回到场边的时候,主教练阿德尔曼显然没有料到姚明会带伤回来。担心姚明伤势的主教练正在犹豫是否要让姚明上场时,姚明已经指着场上的队友大喊起来,他在告诉阿德尔曼,比赛场上有他的兄弟,比赛场上有急需他的队友,他要承担起自己的那一份责任。当姚明再次回到比赛场上的刹那,一位当地的记者哭了,他哽咽着说道:"姚明让我们明白了一个男人该承担什么,他让我们看到了中国人的坚强和伟大!"这时的比赛已经到了决战时刻,姚明受伤的膝盖已经红肿,姚明的回归给了队友们极大的鼓舞,火箭队打出了极其强悍的进攻,在顶住对手反扑之后,最终赢得了比赛胜利。与其说这是一场比赛的胜利,不如说这是一种精神的胜利。姚明向所有人展现出一种伟大的勇于担当的精神。因为勇于担当,所以才会被信赖;因为被信赖,才能有凝聚力;因为有凝聚力,才能创造奇迹。

2. 姚明代表国家队征战国际赛场小故事

故事一:卡塔尔亚锦赛,在中国与黎巴嫩的小组赛上,双方打得火药味十足,第二节比赛开始没有多久,姚明的下巴便被对方一名球员用肘部撞出了一道大口子。休息的时候,姚明只是用一块创可贴简单粘了一下,便要求重新上场。赛后组委会医生为姚明缝了 4 针,但是国家队队医杜文亮认为处理得不够好,又重新给姚明缝了一次。当时姚明告诉杜文亮,自己的下巴算上这次已经被缝过 66 针了。一个下巴前前后后被缝 66针,即便经验丰富的国家队队医也从未见到过。

故事二:2008 年 2 月,姚明遭遇左脚应力性骨折,预计要停止训练半年之久,但是姚明却选择了植入性手术,只为赶上 2008 北京奥运会。姚明说:"如果我不能在家门口出战奥运会,那会是我生涯最大的遗憾。"最后,反复无常的伤病确实让姚明感受到了无尽的困扰,姚明曾经说过:"伤病对于自己的伤害不仅仅是身体上的,精神上也有着很大的压力。每天早上起来,你需要做两个多小时的康复,然后再是其他的训练,那真的很痛苦,你还要为受伤而提心吊胆,一次两次可能还没事,但是那么多次真的会让你失去信心。"当然,最终迫使姚明退役的伤还在脚上,多年以来,姚明左脚内连钢板带钢钉一共有 28 枚,也就是平均每块脚底骨上至少有一根钢钉,姚明就是踏着大量的钢板和钢钉在赛场上奋战的。多次伤病,多次手术,这样拼搏与奋斗的精神令人钦佩!

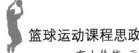

3. 姚明作为中国代表团奥运会旗手小故事

在 2004 年雅典奥运会与 2008 年北京奥运会上,姚明曾先后两次担任中国体育代表团旗手。雅典奥运会时,姚明担任过中国代表团的旗手,这次北京奥运会在家门口再次为中国举旗,姚明依然激动,他说:"和四年前一样,当我知道这个消息后,同样是异常激动。能够在自己的祖国担任旗手,那是一件异常荣耀的事情,中国代表团进入鸟巢的那一刻,将是我永生难忘的一刻。""成为代表团的旗手是一个巨大的荣誉。当你将国旗拿在手上的时候,你感觉就好像将全国所有人民的期望抓在了自己的手上,你能感受到他们对你的期望。"

4. 姚明做公益事业的小故事

姚明,不是奥运冠军,也不是世界冠军,但他的社会影响力却是金牌所不能衡量的。在球场上驰骋时,姚明是竞技场上的励志偶像,在球场下,姚明是积极投身公益的慈善家。早在进入 NBA 之前,姚明就热心公益事业,2001 年 9 月,姚明与阿加西一同参加了慈善活动。进入 NBA 之后,姚明的公益慈善之路越走越宽,也越走越坚实。2003 年,他联合周杰伦等明星共同推出网上慈善拍卖活动,同年他又与地方电视台合作慈善晚会。2004 年,姚明成为特奥大使,之后多次出席与之相关的慈善活动。2005 年,姚明成为中华骨髓库捐献造血干细胞的志愿者。姚明还是护鲨大使,拍摄公益广告呼吁拒绝食用鱼翅,保护濒危物种。2008 年,汶川发生大地震,远在美国的姚明先后合计捐款 200 万元,并感召球队老板和好友,通过录制公益宣传片等方式为灾区募集善款。同年,姚明注资 200 万美元成立了以自己姓氏命名的基金会,用于地震灾区的重建,为儿童兴建学校和医院。2007 年,他与 NBA 球星纳什一起从事慈善活动,仅"明纳众爱 星暖中国"慈善拍卖晚宴就募得 700 万善款,同时,国家队与美国慈善之旅球星队的义赛也引起了广泛关注,所募款项用于资助西部地区的智障儿童辅读学校、特奥运动和新疆克孜勒苏柯尔克孜自治州的维族贫困女童。2010 年,"姚基金慈善之旅"邀请了 NBA 球星参加,主题是"一切为了孩子",慈善比赛第三节,姚基金希望小学的孩子们也组队上场比赛,实现了在奥林匹克场馆打一场正式比赛的愿望。慈善比赛的所有门票收入进入中国青少年发展基金会的姚基金账户,为贫困地区及雅安灾区的青少年配置体育设施并支持他们参与"姚基金希望小学篮球季"项目。姚明做慈善不仅是出席活动、拍公益广告,还亲力亲为,建姚基金希望小学,与孩子们亲密接触。2004 年,姚明为了救助四川患白血病的孩子,捐助 16 万元。退役后的姚明,公益慈善已经占据了他生活的 60%,姚明作为中国体育界最有影响力和号召力的明星,从事公益慈善,回馈社会,同时吸引更多的人加入到慈善事业的行列中。

(四)郑海霞——赛场内外的励志故事

1.郑海霞励志成才小故事

在赛场上叱咤风云了那么多年,郑海霞还牢牢记得父母的教诲,保持本性,保持传统美德,做一个坚韧自强的人。她出生在柘城县一个农民家庭,12 岁时身高便达到 1 米 72。在当时的商丘地区体校,她没有因为自己是一个农家孩子而自卑,她认为关键是要改变自己,让人认同自己。"农村的孩子也会做得很优秀",她把这个信念作为座右铭来要求自己。要想改变自己,必须出人头地,这样才能改变自己的生存现状,才能使父母感到自豪。她认为自己有很好的篮球天赋,她感谢父母给了自己一个打篮球的身高。她有着健康的体魄和开朗的性格,积极乐观向上。凭借身高优势,郑海霞从商丘地区体校进入国家队。刚开始因为没有合适的球鞋,她就光着脚打球。那会儿根本没觉得条件艰苦,没鞋穿也不觉得丢人。后来一位木工师傅看到她光着脚,便找了块木板给她做了一双木屐。自从入选国家青年队以来,战绩突出。十余年间,她作为主力队员,为中国女篮夺得巴塞罗那奥运会和悉尼世界锦标赛的银牌立下汗马功劳。郑海霞说:"希望我们的篮球人、体育人把金钱看得淡一点,把荣誉感和自己的努力看得更重点,扎实地练好每一堂训练课,领会教练的每一个思路,做好个人的认真总结,这样的话在自己的成长过程中每一步都踏得更加坚实,把每一笔都抹得更加光彩。"

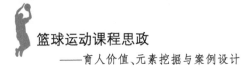

2. 郑海霞做公益事业小故事

郑海霞十分关心中国篮球运动发展,一旦有篮球公益活动邀请,她马上答应,希望靠着自己的影响力能够帮助更多的孩子。她用自己的影响力为大家做榜样。一直热心公益事业的郑海霞,先后担任中国宋庆龄基金会理事、爱心中国慈善医疗援助行动大使、昭平爱心大使,为中国公益事业奉献自己的爱心。"我会跟宋庆龄基金会一起做一些公益活动,也是让自己体育人的余热能够在各个方面得到发挥。"郑海霞说。

(五)美国 NBA 球星科比之问——"你知道洛杉矶每天早上4 点钟是什么样子吗?"

波兰女诗人辛波斯卡在一首诗里说:"清晨4 点没有人感觉舒畅。"是的,比如我很少在这个时候起床,我要么是酣然入睡,要么是熬了夜,刚刚入睡;只有特殊事情的人才会在清晨4 点醒来,但那种感受一定不够舒畅。看到一个记者问"篮球天才"科比·布莱恩特:"你为什么能如此成功?"科比竟然反问道:"你知道洛杉矶每天早上4 点钟是什么样子吗?"洛杉矶清晨4 点跟一个人的成功能有什么关系?实际上连勤奋敬业的记者也不知道早上4 点的洛杉矶是什么样子,科比就自问自答:"满天星星,寥落的灯光,行人很少。究竟是什么样子,我也不太清楚。但这没有关系,你说是吗?每天清晨4 点,洛杉矶仍然在黑暗中,我就起床行走在黑暗的洛杉矶街道上……"科比讲到这里,我终于意识到清晨4 点为什么跟科比的成功有关系。身为一名篮球运动员,他坚持每天清晨4 点就起床,除了去做体能训练和投篮练习,还能做什么?据科比自己讲,他这样坚持了一天又一天,洛杉矶清晨4 点的黑暗始终没有改变,而他却逐渐发生了变化,就好像光明一点一点地来到他的人生里,让他从一个默默无闻的人变成一个万众瞩目的明星。"十多年过去了,洛杉矶清晨4 点的黑暗仍然没有改变,但我已变成了肌肉强健、有体能、有力量、有着很高投篮命中率的运动员。"科比说。在球场上科比仍然能够在比自己年轻10 岁的年轻队员头上扣篮,并创造出单场比赛夺得81 分的个人记录。即便是在训练房中,以前他的目标是每天不投中800 个球绝不停止,后来在同样的时间里,他已经能够命中 1000 个球,达不到这个目标同样绝不停止。科比的话让人深受感动,一个追求事业成功的人就应该这样勇于在黑暗的清晨 4 点奋力打造自己的"光明",让自己在黑暗中发光发热。在成为篮球明星后,科比仍然能够在"没有人感觉舒畅"的清晨 4 点起床坚持训练,似乎自己仍是当初走进清晨 4 点黑暗中的无名练习者。

在备战 2012 年伦敦奥运会期间,罗伯特和美国男子篮球队一同来到拉斯维加斯集训。队员们合练的前一个晚上,罗伯特忙了一天,正准备上床休息。这时候是清晨三点半,他的手机竟然响了起来,原来是科比,他在电话那头客气地询问:"我想知道,你能否帮我做点体能训练?"科比的请求真诚而热忱,没有一点大牌球星的架子,当然他并不知道罗伯特正要休息!罗伯特看了看时间,尽管他正准备睡觉,但因为是科比打来的电话,他只能硬着头皮回答:"当然,一会儿训练馆见。"挂了电话,罗伯特离开酒店去了训练馆,可当他到达训练馆的时候,科比已经一个人练得汗流浃背了,"科比身上的汗就像刚从游泳池里出来一样"。随后科比在罗伯特的指导下用了大概 1 个小时 15 分钟的时间进行体能训练,然后是 45 分钟的力量训练。"我已经累得不行了,只能回酒店休息,而科比则继续回到训练馆进行投篮训练。"按照安排,罗伯特上午 11 点还得去训练馆指导全队合练,他醒来的时候还有点头昏,就跟没睡过一样。当他再次到达训练馆时发现,美国队的队员都到齐了。"勒布朗与安东尼在聊天,老 K 教练在为杜兰特解答着什么,而右边的科比还在进行投篮训练。"罗伯特说。罗伯特意识到,科比上赛季高效率的表现一点也不让人吃惊,他在比自己年轻 10 岁的年轻球员头上扣篮也不令人意外,他赛季初在得分榜上领跑,更是一点也不奇怪了,这就是科比,每天清晨四点的科比。

(六)美国 NBA 球星乔丹——"竞争心使乔丹长高 20 公分"

乔丹是篮球明星,他的名气是靠一个个励志的辉煌成绩铸就的。他是黑人,1963 年 2 月 17 日出生于纽约布鲁克林贫民区。他有两个哥哥,一个姐姐,一个妹妹,父亲微薄的工资根本无法维持家用。他从小就在贫穷与歧视中度过。对于未来,他看不到什么希望。15 岁时,乔丹身高长

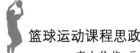

到了1米88。父母对孩子的家教很严厉,所以乔丹尽管贪玩,学习成绩还可以,数学还能达到优秀。随着身体发育,乔丹的运动天赋日益显露出来,他也真正爱上了篮球运动,不过促使他篮球技术产生飞跃的却是源于一段他铭心刻骨的经历。美国高中篮球队分为两个级别,一队代表学校打比赛,二队则是陪练。乔丹以为凭借自己的篮球技能完全可以进入一队打主力,于是他和好友罗里奥一起报了名。公布名单那天,两人结伴到校体育馆去看名单,结果他的朋友榜上有名,而他从头到尾看了几遍也没找到自己的名字。放学后,乔丹飞奔回家,关上房门抱头痛哭,他的自尊心受到极大的伤害。不过倔强的他硬是去找教练,希望允许他随队训练,教练告诉他说:"你个子太矮,反应也不快,打篮球的前途不大。"乔丹失望而归。校队参加地区比赛时,乔丹又来请求教练让他随队看球。在他的苦苦央求下,教练心软了,同意了他的请求,不过他必须为校队的队员看管衣服。为了看球,乔丹只好抱着衣服进场。这段时间,乔丹开始苦练球技,他每天要练4个小时。前两个小时跟二队练,后两个小时与一队练。训练结束后他还给自己加码,一有时间他就会拍着球找个篮球架,苦练球技。刻苦训练使乔丹打下了极为扎实过硬的基本功。一年之后,校队一队的大门再也无法拒绝他了。那时他个子蹿到1米91,篮球技艺更加突出。乔丹回忆这段经历时说:"这也许是一件好事,饱尝失意的我暗暗发誓,今后你再也不能遭受这样的折磨了。"乔丹的个性"喜欢竞争"。不管是什么比赛,正式的或非正式的,乔丹总是想方设法去赢,而且敢于接受任何挑战。乔丹认为竞争是神圣的,因为竞争是他自我发现的一把金钥匙。

(七)梦想、坚持、热爱——普通人的篮球励志故事

1. 残疾人的篮球运动——活出"飞驰人生"

"在篮球场,坐上轮椅的那一刻,就感觉自己的运动机能回来了。"2020年8月25日,在西藏拉萨举行的"篮球让生活更美好"关爱残疾人轮椅篮球队公益活动上,西藏轮椅篮球队女队员德央说,推动轮椅在赛场上拼抢时,就像挥动翅膀飞翔一样。拉萨北郊一处篮球场内,一群肢体残

障人士正在海拔 3700 米的高原上进行一场篮球赛。他们坐在轮椅上，传球、抢断、投篮、抢篮板，不断地急停、转身、摆脱对手。"加油，德央！"场边观众大声呼喊。球场上，身穿蓝色球衣的德央接过队友的传球，使劲推着轮椅加速冲向对方篮下。"好球！"德央的进球让球场边的观众沸腾了。21 岁的德央是球队年纪最小的队员，目前已有 5 年球龄。每个周末吃完午饭，她都会到球场上练球，一直练到太阳落山。德央患有小儿麻痹，无法站立，行走都靠拄拐，一度觉得生活失去了希望。直到一位朋友带她去拉萨轮椅篮球队，她感到获得了重生。"坐在轮椅上投篮，换一个角度看篮筐，仰头是一片更大的天空。"因为德央有运动基础，再经过专业的训练，现在已成为球队主力队员。"轮椅篮球带给我很大的快乐，以前我一个人在家，只是静静地坐着，现在每次打完篮球后，身体的每个部位都很疼，我喜欢这种痛感，像是身体被唤醒了。"德央说。据了解，拉萨轮椅篮球队现有 25 名队员，其中 6 名为女性。队员大部分都有工作，有的是厨师，有的是文秘，还有唐卡画师，等等。

安徽泸州的郭柏除下肢不便外还患有轻微脑瘫，现在在拉萨残疾人就业服务中心从事电脑绣花设计，2016 年加入球队。"我看过几次他们打球后，就特别想加入，但又有点担心。"郭柏回忆道。后来他终于鼓足勇气告诉队员们，自己也想试一下。"队员们对我特别照顾，每周过来都特别开心，喜欢和他们在一起的感觉，让我觉得一点都不孤单。"郭柏说，轮椅篮球带来的快乐让他感到很满足。自轮椅篮球队成立以来，除了重大节日或恶劣天气外，几乎每个周日，队员们奋力地推着轮椅打篮球的身影都会出现在球场上。轮椅篮球队让更多残疾人朋友加入球队，享受运动带来的快乐。

2. 独臂篮球少年张家城——比有梦想更可贵的是为梦想拼尽全力

一个独臂篮球少年——身材不高，只有一只手臂，但是张家城那眼花缭乱的运球、熟练迅捷的变向、潇洒灵活的转身……都令人叹为观止。因为他的动作太快，技术太娴熟，不仔细看的人甚至看不出来，他的"右臂"其实只是一截空荡荡的袖管。通常来讲，篮球是两只手的运动，一只手怎

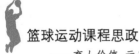
么打？但是张家城就用一只手打篮球，而且打出了名堂。这位独臂少年为何能火？不仅是因为他有梦想，更是因为他肯为梦想拼尽全力、奋勇拼搏。

张家城是广东云浮市云安区高村镇中学的学生。5 岁那年，他不慎被搅拌机绞入右手手腕，右手手臂也被严重烧伤，无奈被截肢。从那时起，他开始学习用左手穿衣、写字、吃饭……在父母眼里，张家城一直是个懂事的孩子，父亲张北海说："我们一开始很担心，但他却一直都很乐观，从小到大都是这样，没有什么抱怨。"12 岁时，篮球走进了张家城的生活，也就此拉开了他的追梦之旅。2018 年 7 月 30 日，在当地免费举办的暑假少儿篮球培训班上，张家城第一次接触篮球运动，便彻底迷上了这项运动。"在这之前，我基本没有怎么接触过篮球。这种喜欢的感觉就是，心里会记挂，感觉有激情，放学总想到篮球场打一下，才舍得回家。"从那以后，篮球成为张家城最重要的伙伴，家里不到 13 平方米客厅的墙上，印着密密麻麻的篮球印，那是他在家刻苦练球的见证。母亲谭妙玲说："除了学习之外，练习篮球占据了儿子生活的全部。""只要一放学就去打篮球，除了家里和学校，其他地方都不去。在家里他也常看篮球比赛的视频，在狭窄的空间反复训练，两年里打坏了 3 个篮球，穿破了 7 双球鞋。"在高村中学校长陈锡荣眼中，张家城是自己从教 20 余年以来印象最深刻的同学，每天放学他都能在学校篮球场上看见这个熟悉的身影，这个少年刻苦而又励志的故事感染着学校的每个人，"我感觉他在用自己的左手托起美好的未来"。张家城在刚开始时，很难将球自如地控制在自己手中，只有一遍一遍地苦练。只要有时间，在篮球场，在客厅，在操场，都有他练球的身影。最终凭借着对篮球的热爱以及超强的毅力，张家城不到两年练就了一身出色的篮球技能。张家城在珠海一家球馆观摩一场专业比赛，中场休息期间他被邀请上场，与专业运动员来了一次单挑，结果他三个回合投入 9 个球，获得全胜，全场为此沸腾，他的故事也随即在网络走红。

"要么放弃，要么努力。"这是张家城的座右铭，尽管父母曾一度担心他因为沉迷于篮球而影响学业，但他用自己的勤奋和刻苦消除了这份担忧。"父母也说过我几次,担心打篮球耽误学习。我向他们承诺,学习要学好,打球也要打好,两边都不落下,我要证明给他们看。"他说:"自己通往梦想的道路还很长,不能骄傲,要更加努力才行,如果就这样放弃了,可能更让人看不起,一定要努力取得更大的进步。"张家城的梦想,是未来成为一名职业球员。"篮球是我的梦想。我想对五年之后的自己说,要变得更加强大,要打上职业比赛。"

第六节 篮球运动的国家领导关心元素挖掘

一、篮球运动国家领导关心元素挖掘的意义

多年来,中国篮球运动的发展,被人民群众寄予厚望,也被党和国家领导人高度关注。2014年8月15日,第二届夏季青奥会开幕前夕,国家主席习近平到南京青奥会运动员村看望中国体育代表团。在青奥村训练馆篮球场边,国家主席习近平对队员和教练说:"'三大球'要搞上去,这是一个体育强国的标志。"2019年8月30日,国家主席习近平出席开幕式并宣布2019年国际篮联篮球世界杯开幕。2020年9月22日,国家主席习近平在北京主持召开教育文化卫生体育领域专家代表座谈会并发表重要讲话,指出要探索中国特色"三大球"发展路径。习近平总书记对篮球运动的关切、关注与关心,为加快建设体育强国进程中中国篮球运动的发展指明了目标与方向。中国篮球运动与时代同发展、共成长,从毛泽东同志观看篮球比赛时提出"友谊第一,比赛第二"的口号;到邓小平同志提出"足球不从娃娃搞起,是上不去的",对推动青少年篮球运动发展起到积极的促进作用;到江泽民同志对我国体育工作提出不断加强和改进体育工作的更高要求,为我国篮球运动发展指明了方向;到胡锦涛同志提出"努力推动中国由体育大国向体育强国迈进",并寄语中国男篮在2008北京奥运会上"打出精神,打出气势";再到习近平总书记对"三大球"振

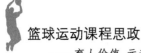

兴的殷切期望,党和国家领导人对篮球运动发展给予高度重视与关心。为此,从国家领导人关心的视角,深入挖掘实例与元素,将使课程思政融入篮球课程教学,具有重要的意义与价值。

二、篮球运动国家领导关心元素的实例分析

(一)朱德同志对解放区篮球运动的关心

朱德同志在革命队伍中,可以说是名副其实的篮球爱好者,是他首先将篮球文化带到红军队伍中,并且发展壮大形成一定规模。为向当地百姓展示良好的红军形象,也为拉近军民关系,朱德同志组建的红军篮球队和贵州省立第三中学篮球队专门打了一场友谊赛,比赛中,他投篮精准,作风硬朗,当地百姓觉得不可思议,朱德同志还会打篮球?事实上,无论是在红军时期还是八路军时期,在那个战火纷飞的年代,夜以继日、伏案工作的朱德同志在被地图、电报和文件占据了大部分时间的情况下,总会抽出时间和战士们打篮球,他认为,篮球不仅仅是锻炼身体的一项运动,更是贴近官兵关系和军民关系的重要方式,他说:"共产党的军队就要这样,要有生气,要有活力。"1938年在延安时,朱德同志就住在凤凰山下,忙完工作他就去球场。他打起球来生龙活虎,经常是篮球场上的"得分王"。一次比赛,看到战士都缩手缩脚地不敢贴身防守,他就说:"平常我是你们的司令,但在球场上,我们都是运动员,对我可不能有特殊照顾!你们不拦我,白让我投,那投进了也不算!"他这么一说,大家就放开了,防守的两个战士就死死盯着他,比赛的气氛也激烈起来,即便这样,朱德同志还是能从他们身边挤过去,然后出手得分。比赛结束后,他常常会跟大家坐在一起,挨个问大家的姓名、籍贯,家里有什么困难,官兵们感觉他就像大哥哥一样温暖。在延安,因为条件简陋,几乎没有一个像样的篮球场,所以练兵场、老乡的麦场都成了临时的球场,一段废旧铁丝扎个圈钉在门板或者树上就是篮球架,皮革塞点草梗也能当篮球,球弹不起来,只要是圆的,能扔就行,反正,没有什么能阻止朱德同志打篮球。就这样,长期以来在他的影响和感染下,篮球运动逐渐成为八路军最为频繁

的娱乐活动。

（二）贺龙同志对解放区篮球运动的关心

1952年11月，毛泽东同志任命贺龙同志担任新组建的中华人民共和国体育运动委员会主任一职，之所以会选择贺龙同志，是因为贺龙同志的一生与体育有着不解之缘。贺龙同志在湘西革命根据地期间，总要抽出空闲时间习武。他还号召广大红军战士"练好身子，战胜敌人"。教他们学习武术，开展射击、投弹、刺杀、爬山、武装越野障碍等军体活动。他指出，红军开展各项体育活动不仅是为了活跃部队生活，更重要的是培养指战员的革命乐观主义精神、坚强意志品质、锻炼强健体魄，提高红军的战斗力。他经常对红军干部说："要教育战士努力锻炼身体，身体不练好，打仗怎么行！"为此，他让部队走到哪里就练到哪里，晴天在室外练习徒手操、持枪操、爬山打猎；雨天就在室内开展跳桌子、跳板凳、拳击、摔跤等活动。在湘西革命根据地，酷爱体育运动的贺龙，亲手组建了一支"战斗篮球队"。贺龙同志认为：在所有的体育运动项目中，篮球运动是一项激烈的竞技项目，是体魄、意志、战术、技术的综合训练。因此，他特别喜爱篮球运动，并在队伍中积极提倡，深入开展。开始时，篮球队经常受到比赛场地限制，他风趣地对大家说："活人不能被尿憋死，没有场地自己搞嘛！"他带领大家一齐动手，一下子就平整了4个篮球场，还就地取材伐树锯木做成球架和篮板，用大楠竹弯成圆圈，固定在篮板上，篮球场就这样建好了。他经常对球队队员说："打球就如同打仗，一要讲战斗作风过硬，敢争敢抢，不畏强，不轻弱；二要讲团结战斗，配合默契，不能各打各的；三要讲究战术，训练要有计划，比赛要有方案，攻要攻得进，防要防得稳，掌握比赛主动权。"抗日战争时期，毛泽东同志在延安发出了"锻炼体魄，好打日本"的号召，时任八路军第一二〇师师长的贺龙同志与他率领的全体官兵积极响应，并很快恢复了湘西红军时代创建的"战斗篮球队"。球队队员们每到一地，不仅打球，而且通过打球对群众进行抗日宣传工作，扩大八路军在群众中的政治影响力和号召力。从此，"战斗篮球队"名扬全解放区，被抗日军民所赞誉。这支篮球队曾两次去延安参加

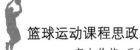
比赛,受到毛泽东同志和朱德同志的亲切接见,毛泽东同志赞扬他们:"你们在贺师长领导下,一面打仗,一面开展体育运动,这很好。"朱德同志接见球队队员后,还派人送来了自己亲笔题词的锦旗,"球场健儿,沙场勇士"。"战斗篮球队"由此成了全军学习的榜样,"贺老总爱打球,喜欢体育运动"的佳话,在广大官兵和人民群众中流传开来。

(三)毛泽东同志对体育事业的关心

1.毛泽东同志的体育情结

毛泽东同志不仅是伟大的马克思主义者,杰出的无产阶级革命家、政治家、思想家、军事家,也是体育运动的积极倡导者和实践者。青年时代的毛泽东同志深刻意识到必须"文明其精神,野蛮其体魄",方能刚毅有为。1917年,他在《新青年》杂志发表了《体育之研究》一文,指出:"国力苶弱,武风不振,民族之体质,日趋轻细,此甚可忧之现象也。"他认为体育的作用在于能"强筋骨""增知识""调感情""强意志",体现了毛泽东同志早期"健身强国"的体育思想。

1949年新中国成立后,国家处于百业待兴的时期。从全民健康角度出发,他多次号召、指示要广泛开展群众性体育活动,增强民众的身体健康。1952年6月10日,毛泽东同志为中华全国体育总会成立大会题词:"发展体育运动,增强人民体质。"1960年他亲自在工作人员送审的党中央《关于卫生工作的指示》草稿中加了下面这样一段话:"凡能做到的,都要提倡做体操,打球类,跑跑步,爬山,游水,打太极拳及各种各色的体育活动。"

毛泽东同志一生热爱体育活动。他认为,只有具备了强健的体魄,才可能有知识上、道德上的追求,才谈得上实现自己的宏伟志向。早年,他一方面如饥似渴地学习文化科学知识,另一方面积极锻炼身体,把强健体魄、勇气、意志上升为人格重塑的首要前提。

1936年,毛泽东同志对美国记者斯诺回忆起自己青年时期体育锻炼的情形时说:"寒假里,我们就脱掉衬衫让雨淋,说这是雨浴。烈日当空,我们脱掉衬衫,说是日光浴。春风吹来的时候我们大声叫喊,说这是一种叫作'风浴'的新体育项目。在已经下霜的日子里,我们露天睡觉,甚至于到 11 月份,我们还在寒冷的河水里游泳。这一切都是在锻炼身体的名义下进行的,这对于增强我的体质也许很有帮助,我后来在中国南方的多次往返行军,以及从江西到西北的长征路上,特别需要这样的体质。"正是通过这些吃苦的体育项目的千锤百炼,毛泽东同志为在以后的战争环境中战胜无数艰难险阻,为一生从事艰苦繁重的革命工作,打下了坚实的体魄基础。

青少年是国家的未来,民族的希望。毛泽东同志十分关注青少年的健康成长。1920 年,毛泽东担任第一师范附小主事时就开始身体力行,他倡导学校"宜三育并重",并强调"体育一道,配德育与智育,而德智皆寄于体。无体是无德智也"。战争年代,毛泽东同志还抽出时间关心学生们的身体健康问题。在延安时期,毛泽东同志就给当时根据地的延安保育院小学题词:"又学习,又玩耍",表达了对儿童少年健康成长的关切。

新中国成立后,毛泽东同志把更多的精力倾注于对学生体质健康的关怀上。1950 年,毛泽东同志给当时任教育部长的马叙伦先生写信,提出学生"健康第一,学习第二"的要求。1953 年 6 月,毛泽东同志在接见中国新民主主义青年团第二次全国代表大会代表时,充满热情和希望地对青年们说:"我给青年们讲几句话:一是祝贺他们身体好,二是祝贺他们学习好,三是祝贺他们工作好。"1957 年 11 月,毛泽东同志在苏联接见中国留学生以及其后在多个场合,都是祝愿青年"身体好、学习好、工作好",始终把"身体好"放在首位。为了保证青少年学生健康成长,毛泽东同志在《关于正确处理人民内部矛盾的问题》中,明确提出:"我们的教育方针,应该使受教育者在德育、智育、体育几方面都得到发展,成为有社会主义觉悟的有文化的劳动者。"毛泽东同志的这些重要指示,为改变学校体育状况,改善我国民族素质,造就一代体魄健壮的青少年,提高全民劳动生产力,增强国力,起到重要作用。

2. 毛泽东同志题词"发展体育运动,增强人民体质"

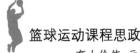

1952年,毛泽东主席题词"发展体育运动,增强人民体质",有力地推动了群众性体育活动及篮球运动的普及与发展,深刻揭示了体育的地位、作用,科学地指出了通过体育增强体质的内在联系,同时又明确规定了中国社会主义体育必须为人民服务的社会属性,由此确定了新中国体育的根本目的和任务。

3. 毛泽东同志观看篮球比赛时提出"友谊第一,比赛第二"的口号

1969年毛主席同志看篮球赛的时候,一不留意说出的一句话,成为了现在我国体育史上的著名口号,这句话就是最经典的"友谊第一,比赛第二"。1965年,毛泽东同志到达武汉去视察调研工作,他下榻于东湖客舍招待所。招待所平时为了丰富工作人员的日常生活,也为了活跃气氛,都会举办一些篮球比赛。这一天,他碰巧赶上了自己带来的外出分队和附近有名的"钢八连"篮球队进行篮球对抗赛。比赛一开始,双方战局胶着,不相上下,十分激烈。可是突然这种紧张的气氛莫名就消散了,原来是毛泽东同志走过来了,大家都目不转睛地盯着他,毛泽东同志呵呵一笑说道:"比赛要看比赛场上的运动员们嘛,他们才应该是主角。"双方这才重新进入战局,跟随毛主席同志来的外出分队赢了当地的"钢八连"篮球队。毛泽东同志连连为他们鼓掌,同时也说:"自己赢了固然是好的,但是若是能帮助比自己弱的那一方,才是最有意义的,这就叫作友谊第一,比赛第二嘛。"这也是毛泽东同志第一次提出"友谊第一,比赛第二"的口号。它不仅见证了中国体育事业的发展,同时也向全世界传递了中国体育事业发展的理念。

(四)邓小平同志对体育事业的关心

1. 邓小平同志的体育情结

1952年,邓小平同志为第一届西南地区运动会题词:"把体育运动普及到广大群众中去。"在邓小平同志的亲切关怀和具体操办下,我国成立了中央体委。改革开放以后,邓小平同志曾多次指示要加强体育工作,他说:"现在看来,体育运动搞得好不好,影响太大了,是一个国家经济、文明的表现。它鼓舞了这么多人,吸引了这么多观众、听众,要把体育搞

起来。"

邓小平同志作为老一辈无产阶级革命家,不但是体育运动的领导者,同时也是体育运动的实践者。更重要的是,他所参加体育运动项目,充分展现了他丰富的人生哲学。

散步。邓小平同志无论在家中还是在外地,每天早晚他都要散步,这对于他来说,既是锻炼,也是休息,更是思考时间。散步是他多年养成的锻炼习惯。散步时,他不说话,目不斜视,有一种勇往直前的军人气概。在自家的小院,他始终沿着小路的外圈走,不偷懒,不取巧,不抄近道。

足球。除了散步,邓小平同志喜爱的体育运动项目也较多,对球类运动尤为钟爱。棒球、网球、篮球他都喜欢,他最喜欢的还是足球运动,他对足球运动可以说达到了迷恋的程度。早在青少年时期,他就喜欢上了足球。1952 年 7 月,邓小平同志调至中央工作后,经常去北京先农坛体育场观看足球比赛。当时足球比赛少,他连教学比赛也不放过。1959 年,邓小平同志因腿骨骨折住进了医院,当时正逢一场重要的足球对抗赛。他不愿意错过机会,吊着腿在病床上,坚持看完了整场比赛的电视实况转播。整场比赛他看得兴致勃勃、津津有味,俨然忘记了骨伤的疼痛。邓小平同志曾经说:"我平生最喜欢看足球比赛。"看球赛,让邓小平同志的生活更加丰富,精神更加振奋,心情更加乐观。

游泳。邓小平同志从小就喜欢在渠江里游泳,特别喜欢下雨天在大风大浪里游泳。青年时期的他非常喜欢洗冷水浴和游泳,以此来锻炼意志、增强体质,提高身体对复杂环境和生活条件的适应能力。邓小平同志曾说:"我不喜欢室内游泳池,喜欢在大自然里游泳,自由度大一些,有一股气势。"搏击大风大浪,成了他一生的追求。

登山。邓小平的出生地四川广安是山区,他从小就养成了登山的习惯和爱好。1980 年 7 月 5 日,他来到峨眉山,在距离万年寺不过五十多米的一处开阔地带,大家都劝他坐下来休息一下。但他坚定地说:"要登山不止嘛!"1983 年 8 月 13 日,他登上了长白山,并评价说:"人生不上长白山,实为一大憾事!"邓小平同志爱登山,既是对身体的锻炼,也是对自

第二章　课程思政融入篮球课程教学的元素挖掘

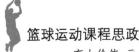

已意志力的考验,一如他勇攀不止的人生缩影。

2.邓小平同志提出"足球不从娃娃搞起,是上不去的"

"足球不从娃娃搞起,是上不去的。"从年少时就开始看球的邓小平同志,对足球的发展规律十分了解。他深知,中国足球要想有好的运动员基础,必须从"娃娃抓起"。1974年1月4日,分管体委工作的邓小平同志在同国家体委、中华全国体育总会、中国足球协会负责人谈话时指出:"足球不从娃娃搞起,是上不去的""体育专业队目前需要补充,得从娃娃选起。三千人太少。要提一个大、中、小的方案。选人要慎重。"1985年8月,邓小平同志观看了几场国际足联16岁以下世界锦标赛的实况转播,再次提出:"中国队也踢得不错。我们中国足球运动要搞上去,要从娃娃、从少年抓起。"邓小平同志怀着强烈的民族自信心提出过许多关于中国足球的宝贵建议,对中国足球事业的发展有着长远的指导意义,从中也看到了国家领导人对中国体育事业发展的高度重视。篮球运动也借此开始重视青少年发展,1975年第三届全运会增加了少年组篮球比赛,推动青少年篮球运动的发展。

(五)江泽民同志对体育事业的关心

1.江泽民同志的体育情结

江泽民同志喜爱游泳,1997年访美期间,他还曾在怀基海滩下水游泳。《华盛顿邮报》记者报道,江泽民戴红白两色泳帽,穿蓝色泳裤,在水中游了将近一个小时。

2.江泽民同志关于体育工作发表的重要讲话

2000年10月3日,中共中央总书记、国家主席、中央军委主席江泽民同志在会见第二十七届奥运会上取得优异成绩的中国体育代表团成员时发表重要讲话。江泽民同志在讲话中指出,中国体育代表团在奥运会上的表现,再一次向世人展示了中国人民自强不息、奋发进取的精神风貌,体现了中华民族自立于世界民族之林的坚强信心和力量。他强调,中华体育精神是中国社会主义精神文明的重要组成部分,是中华民族的宝贵精神财富。全国各个行业、各条战线都要大力发扬振兴中华、为国争光的爱国主义精神,大力发扬顽强拼搏、争创一流的革命英雄主义精神,勇于创新,力攀高峰,同心同德地把建设中国社会主义的伟大事业不断推向前进。

2002年8月23日,时任中共中央总书记、国家主席、中央军委主席江泽民同志接见全国体育工作会议代表并发表讲话指出,中国已进入了全面建设小康社会、加快推进社会主义现代化新的发展阶段,经济发展和社会进步对我国体育工作提出了更高的要求。希望各级党委和政府认真贯彻《中共中央、国务院关于进一步加强和改进新时期体育工作的意见》,落实中央对体育工作的各项要求和部署,不断加强和改进体育工作,进而为我国篮球运动发展指明了方向。

（六）胡锦涛同志对体育事业的关心

1. 胡锦涛同志与乒乓球运动的情结

2008年8月1日,在胡锦涛同志接受外国媒体联合采访时,法新社记者抢到最后一个机会问了这样一个问题:"假如你作为运动员参加北京奥运会比赛,你会参加哪个项目?"胡锦涛同志幽默地回答:"我会选择乒乓球。不过,参加奥运会比赛的中国乒乓球队名单已经确定,我的这一选择看来不可能实现了。"乒乓球是中国的"国球",胡锦涛同志对乒乓球情有独钟。2008年5月8日,正在日本进行国事访问的胡锦涛同志,与日本乒乓球名将福原爱打了一场比赛。那场比赛,不仅令亿万中国观众意外惊喜,也令国外观众大感惊讶。"重在参与"是北京奥运会所倡导的核心价值之一,胡锦涛同志的乒乓球"秀"出了亲民作风,诠释了奥林匹克精神。

2. 胡锦涛同志关于体育工作发展的重要讲话

（1）胡锦涛同志提出"努力推动中国由体育大国向体育强国迈进"

2009年10月16日,在第十一届全国运动会即将开幕之际,时任中共中央总书记、国家主席、中央军委主席胡锦涛同志在济南接见中国体育界代表,强调要努力推动中国由体育大国向体育强国迈进。胡锦涛同志在讲话中指出,国运盛则体育兴。新中国成立六十年来,伴随着共和国波澜

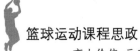

壮阔的发展历程,中国体育事业也取得了举世瞩目的辉煌成就。特别是北京奥运会和残奥会成功举办,有力推动了中国体育事业的长足发展,极大激发了中华儿女的爱国热情和民族自豪感。体育界人士为祖国和人民赢得的无上荣光、做出的突出贡献,将永载共和国的史册。胡锦涛同志强调,体育是综合国力的重要组成部分,是社会文明的重要标志。他希望体育界人士牢记肩负的历史使命,大力弘扬伟大民族精神,深入开展全民健身运动,不断提高竞技体育水平,努力推动中国由体育大国向体育强国迈进,为构建社会主义和谐社会、促进人的全面发展做出更大贡献。

(2)胡锦涛同志提出"办好奥运是头等大事"

2008 年 7 月 29 日,中共中央政治局进行第七次集体学习,时任中共中央总书记胡锦涛同志主持。他强调,北京奥运会开幕在即,举世瞩目。我们要围绕举办一届有特色、高水平奥运会的目标,把办好北京奥运会、残奥会作为当前的头等大事来抓,更加奋发努力、更加深入细致地做好各项筹办工作,努力把北京奥运会、残奥会办成国际社会满意、各国运动员满意、人民群众满意的国际体育盛会,切实履行对国际社会的郑重承诺。胡锦涛同志在主持学习时发表讲话,指出举办奥运会是中华民族的百年期盼,是海内外中华儿女的共同心愿,也是我们对国际社会的郑重承诺。在中共中央、国务院坚强领导下,在全国各族人民和海外华侨华人坚定支持下,在国际奥委会和国际社会积极帮助下,北京市委和市政府、北京奥组委、京外分赛区所在省市以及全国各省区市认真贯彻绿色奥运、科技奥运、人文奥运理念,精心组织、密切配合,全面推进场馆建设、城市运行保障建设等各项筹办工作,深入开展迎奥运、讲文明、树新风活动,为成功举办北京奥运会、残奥会奠定了坚实基础。胡锦涛同志强调,北京奥运会、残奥会属于中国人民,也属于世界各国人民。我们要通过成功举办北京奥运会、残奥会,弘扬团结、友谊、和平的奥林匹克精神,推动奥林匹克运动普及和发展,增进中国人民同世界各国人民的相互了解和友谊,展示中国人民蓬勃向上的精神风貌,推动全面建设小康社会进程,推进人类和平与发展的崇高事业。

（3）胡锦涛同志寄语中国男篮"打出精神，打出气势"

2008 年 7 月 24 日，胡锦涛同志到国家体育总局训练局体操馆、游泳馆、乒乓球馆、篮球馆、排球馆等考察奥运备战工作，看望运动员、教练员和工作人员。在篮球馆内，胡锦涛同志希望中国男篮"打出精神、打出气势。"国家男子篮球队正在进行对抗训练，姚明、王治郅、易建联等队员吸引了胡锦涛同志的目光，对于 2008 年 2 月份左脚脚踝骨折的姚明，他十分关切地问道："全国人民都很关心你的脚伤，现在恢复得怎么样？"姚明回答说："恢复得还可以。"胡锦涛同志叮嘱姚明训练、比赛时还要多加注意。中国男篮在北京奥运会篮球比赛中闯入前八名，向祖国和人民交上满意的答卷。

（七）温家宝同志对体育事业的关心

1. 温家宝同志与篮球运动的情结

温家宝同志在回忆自己的南开中学学习时光时曾说，南开中学非常重视体育，自己就是在中学受到了良好的教育。记得上学时，他下课后第一件事就是抱着篮球占场地，后来还被选入学校少年代表队参加全市篮球联赛并获得第六名。

2008 北京奥运开幕前，时任国务院总理温家宝同志看望中国男篮。对于中国男篮首战美国队，温家宝同志表示："你们的第一场比赛就举世关注，要有信心，沉住气，把球打好，不管输赢，首先要有精神，要用精彩比赛为祖国赢得荣誉、赢得尊严、赢得友谊。"

温家宝同志十分喜爱篮球运动。2008 年，温家宝同志在五棵松体育馆看望中国男篮队员时曾展示了纯熟的三步上篮技术。2011 年 5 月 31 日，温家宝同志来到北京十八里店小学，和小学生们一起上体育课，参加篮球赛，兑现了"一定和孩子们上一堂体育课"的承诺。2012 年国庆长假期间，温家宝同志身体力行，百忙之中参加篮球爱好者的友谊比赛，用实际行动践行全民健身活动理念。

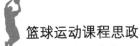

2. 温家宝同志关于体育工作发表的重要讲话

（1）温家宝同志指出"要强国需强志，要强志需强身"

2009年2月28日，温家宝同志在谈及青少年体育运动时指出，我关心的是现在青少年学生们的锻炼问题。我有时候看到我们许多城市的体育场越来越少，学校校园建得满满的，操场却越来越少，孩子们的课业负担越来越重了。其实身体是非常重要的，要强国需强志，要强志需强身。我们这个民族，我们的后代只有坚强的体魄，才能够迎接前进道路上的各种困难。学校一定要注重孩子们的体育锻炼。

（2）温家宝同志承诺约定"我一定跟孩子们上一堂体育课"

2011年3月8日，温家宝同志出席十一届全国人大四次会议吉林省代表团全体会议。原国家女子短道速滑运动员杨扬发言时说："我很高兴地从报道中看到，温总理是一位体育爱好者，从小喜欢打篮球。我还看过您三步篮的动作，非常标准！"杨扬接着说道，今年政府工作报告有多处涉及体育。其中有"保证中小学生每天一小时校园体育活动"这样实实在在的措施。她说，由于体育教师编制不足、学校体育设施匮乏、文化课负担重等问题，不少学校用原本就有的课间休息来冲抵这一小时。据此，她提出三点建议：增加学校体育教师编制；优化体育课程，实行"快乐体育"；增加对学校体育设施的投入。"您是一位体育爱好者。我对您有一个请求——希望温总理能与青少年一起上堂体育课，为青少年做榜样。"温家宝同志对全场代表们说："我先答应她最后一个问题，我一定跟孩子们上一堂体育课！"温家宝同志继而表示，健康的身体对国家和民族的兴旺是非常重要的。过去中国衰落的时候，人家称我们为"东亚病夫"，首先是指身体素质。所以许多有识之士指出，身体强则民族强，则国家强。温家宝同志说，现在孩子们的体育教育是缺乏的。学校的楼越盖越多，操场都没有了。当年我下课后的第一件事就是去篮球场占位置或者去占乒乓球台。现在有些学校根本没有篮球场，也没有打乒乓球的地方，甚至公共体育设施也少了。"没有快乐体育，也不会有快乐的童年。""我这次在政府工作报告中提出一小时校园体育活动。大家说，这么小的事还要写到政府工作报告。我觉得,这是政府工作报告的亮点。"

（八）习近平总书记对体育事业的关心

1. 习近平总书记与体育运动的情结

说到体育活动,我喜欢游泳、爬山等运动,游泳我四五岁就学会了。我还喜欢足球、排球、篮球、网球、武术等运动。

——2014年2月7日,习近平接受俄罗斯电视台专访时的讲话。

游泳:游泳是习近平总书记喜欢的运动项目之一。2014年2月,习近平总书记在接受俄罗斯电视台专访时曾说:"现在还是抽出时间来游泳。"2013年6月,在美国加利福尼亚州安纳伯格庄园,习近平总书记同时任美国总统奥巴马进行会晤前,奥巴马问习近平总书记:"平常是不是经常锻炼?"习近平总书记笑着回答:"平常主要是游泳、散步,每天至少游1000米。"

爬山:习近平总书记喜欢的体育运动,还有一项就是爬山。时任福建省省长的习近平同志,平均两三周就要登一次鼓山。

足球:习近平总书记的"足球缘"由来已久。北京八一中学是足球氛围浓厚的学校,少年时代的习近平同志在此就读时喜爱上了足球运动。2016年9月,习近平总书记重回母校,看到小足球队员正在进行带球过人训练,他笑着对大家说:"五十多年前我就在这个地方踢过球,那时候还是土场子。"他带着自豪回忆说:"我们的球队在北京市比赛中拿过冠军,在全国比赛得了第四名。"他在河北省正定工作期间,他的同事张银耀回忆说:"下班以后,他有空的时候,一听说有足球、篮球比赛什么的,就会抽空看看。他特别喜欢足球。"2012年2月,访问爱尔兰期间,在参观都柏林一个体育运动协会时,他走上球场草坪,饶有兴趣地展示了自己的脚法。2014年7月,在阿根廷布宜诺斯艾利斯,时任阿根廷副总统兼参议长布杜向习近平总书记赠送了阿根廷国家足球队10号球衣。2015年10月,习近平总书记在英国参观访问曼彻斯特城市足球学院,观摩俱乐部一线球员训练比赛。他表示,英国是现代足球发源地和世界足球强国,英国足球很多方面值得我们借鉴。习近平总书记喜爱足球、关注

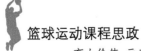

足球,已不仅是个人的兴趣爱好,而是传播友谊的桥梁。他在国际舞台上展现出的外交风采,更是给世界留下了深刻的印象。

篮球:习近平总书记也非常喜欢篮球运动。在正定工作期间,工作之余他会和同事们打篮球。2012年2月,时任中国国家副主席习近平在结束访美之前,在洛杉矶观看NBA篮球比赛。比赛在洛杉矶湖人队和菲尼克斯太阳队之间进行。习近平说,NBA在中国很受欢迎,特别是深受年轻人的喜爱。湖人队出过很多球星,像奥尼尔、科比等,在中国都很有名。

拳击:2014年8月,习近平总书记到南京看望青奥会中国体育代表团。在青奥村训练馆里,拳击手吕平、常园正在训练。习近平总书记边看边点评说:"你们的勾拳打得好,也很擅长直拳、摆拳。我年轻时也练过拳击。练拳击,抗击打能力、体能和场上控制力非常重要。"

冰雪运动:习近平总书记在接受俄罗斯电视台专访时表示:"冰雪项目中,我爱看冰球、速滑、花样滑冰、雪地技巧。特别是冰球,这项运动不仅需要个人力量和技巧,也需要团队配合协作,是很好的运动。"2017年4月,习近平总书记对芬兰进行国事访问。在欢迎宴会开始前,习近平总书记同芬兰总统尼尼斯托会见了刚刚参加完2017年世界花样滑冰锦标赛的中芬两国冰雪运动员代表。也正是在那次访问中,两国元首商定将2019年确立为"中芬冬季运动年"。

乒乓球、橄榄球、跳水……:习近平总书记在巴布亚新几内亚出访时,见证了两国文化交流的感人一幕。中国乒乓球学院巴布亚新几内亚训练中心的中国教练员、前世界冠军施之皓和奥运冠军张怡宁正在训练巴布亚新几内亚运动员。习近平总书记鼓励他们争创佳绩,做两国人民友好使者。出访新西兰期间,新西兰英式橄榄球球星玛阿·诺努(Ma'a Nonu)赠送习近平总书记一件球衣。习近平总书记高兴地说:"欢迎你到中国交流、教学、比赛,推动英式橄榄球在中国的发展。诺努兴奋地说:"我现在就可以去!"在墨西哥演讲时,习近平总书记表示:"两年前,在中国教练指导下,墨西哥'跳水公主'埃斯皮诺萨和队友们包揽了2011年泛美运动会跳水项目全部8块金牌。墨西哥朋友们尝到了包揽金牌的滋味。

祝愿中墨两国合作夺得更多'金牌'!"习近平总书记身体力行借体育传递友谊。2017年1月,瑞士洛桑的国际奥林匹克博物馆,正在馆内参观的习近平总书记受邀登上博物馆陈列的奥运冠军领奖台,站在上面举着双臂向大家致意。国际奥委会主席巴赫说:"就推动奥林匹克运动而言,习近平主席是当之无愧的冠军。"

2. 习近平总书记谈"弘扬中华体育精神"

习近平总书记多次在重要会议及相关场合发表重要讲话,强调体育运动对于弘扬中华体育精神具有的重要意义与深远影响,对于推动中国体育事业发展起到重要的促进作用。在此,选取习近平总书记关于"弘扬中华体育精神"的重要论述,予以强调说明。

2013年8月31日,习近平总书记在会见全国体育先进单位和先进个人代表等时强调:广大体育工作者在长期实践中总结出的以"为国争光、无私奉献、科学求实、遵纪守法、团结协作、顽强拼搏"为主要内容的中华体育精神。中华体育精神来之不易,弥足珍贵,要继承创新、发扬光大。希望全国体育工作者保持优良传统,在新的起点上实现体育事业新发展新进步,在推动我国由体育大国向体育强国迈进的征程中再创佳绩、再立新功。

2014年8月15日,习近平总书记在看望南京青奥会中国体育代表团时强调:"南京青奥会的理念是'分享青春,共筑未来',希望你们身体力行践行这个理念。大家都是本届青奥会的东道主,既是参赛运动员,也是中国青少年的友好使者。希望你们发扬奥林匹克精神和中华体育精神,摆平心态、放下包袱,胜不骄、败不馁,尽情享受青奥会期间比赛、学习、交流的每一个过程。"

2014年2月7日,习近平总书记在亲切看望索契冬奥会中国体育代表团时指出:你们来到这里,既是运动员,也是中国人民的友好使者。希望大家发扬光大奥林匹克精神和中华体育精神,尊重对手、尊重裁判、尊重观众、遵守规则,胜不骄、败不馁,以良好的赛风赛纪和文明礼仪,充分展示中国的良好形象,为中国申办2022年冬奥会做出贡献。

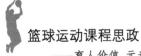

　　2016年8月25日，习近平总书记在会见第31届奥运会中国体育代表团时强调：我国体育健儿在里约奥运会上的出色表现，生动诠释了奥林匹克精神和中华体育精神，为祖国争了光，为民族争了气，为奥运增了辉，为人生添了彩，激发了全国人民的爱国热情和全世界中华儿女的民族自豪感，增强了中华民族的凝聚力、向心力、自信心，是中国精神的一个重要体现。体育是社会发展和人类进步的重要标志，是综合国力和国家软实力的重要体现。"发展体育运动，增强人民体质"是我国体育工作的根本任务。希望同志们继续弘扬奥林匹克精神和中华体育精神，进一步提升我国竞技体育综合实力，把竞技体育搞得更好、更快、更高、更强，提高在重大国际赛事中为国争光能力，有力带动群众体育发展。

　　2017年8月27日，习近平总书记在会见全国体育先进单位和先进个人代表等时强调：加快建设体育强国，就要弘扬中华体育精神，弘扬体育道德风尚，坚定自信，奋力拼搏，提高竞技体育综合实力，更好发挥举国体制作用，把竞技体育搞得更好、更快、更高、更强，提高为国争光能力，让体育为社会提供强大正能量。

　　2019年2月1日，习近平总书记在考察北京冬奥会和冬残奥会筹办工作时强调：体育强则国家强，国家强则体育强。发展体育事业不仅是实现中国梦的重要内容，还能为中华民族伟大复兴提供凝心聚气的强大精神力量。我们要弘扬中华体育精神，弘扬体育道德风尚，推动群众体育、竞技体育、体育产业协调发展，加快建设体育强国。

　　2019年9月30日，习近平总书记在会见中国女排代表时强调：实现体育强国目标，要大力弘扬新时代的女排精神，把体育健身同人民健康结合起来，把弘扬中华体育精神同坚定文化自信结合起来，坚持举国体制和市场机制相结合，不忘初心，持之以恒，努力开创新时代我国体育事业新局面。

　　3. 习近平总书记谈"体育强国建设"

　　习近平总书记多次在重要会议及相关场合发表重要讲话，强调要加快把我国建设成为体育强国。在此，选取习近平总书记关于"体育强国建设"的重要论述,予以强调说明。

2014年2月8日,习近平总书记同国际奥林匹克委员会主席巴赫交谈时指出:我们要分类指导,从娃娃抓起,扎扎实实提高竞技体育水平,持之以恒开展群众体育,不断由体育大国向体育强国迈进。

2014年2月7日,习近平总书记在俄罗斯索契亲切看望参加第二十二届冬季奥林匹克运动会的中国体育代表团时强调:我们每个人的梦想、体育强国梦都与中国梦紧密相连。

2017年8月27日,习近平总书记在天津会见全国群众体育先进单位、先进个人代表时强调:体育承载着国家强盛、民族振兴的梦想。体育强则中国强,国运兴则体育兴。要把发展体育工作摆上重要日程,精心谋划,狠抓落实,不断开创我国体育事业发展新局面,加快把我国建设成为体育强国。

2017年10月18日,习近平总书记在中国共产党第十九次全国代表大会上的报告《决胜全面建成小康社会 夺取新时代中国特色社会主义伟大胜利》中强调:"广泛开展全民健身活动,加快推进体育强国建设。"

2022年10月16日,习近平总书记在中国共产党第二十次全国代表大会上的报告《高举中国特色社会主义伟大旗帜 为全面建设社会主义现代化国家而团结奋斗》中强调:广泛开展全民健身活动,加强青少年体育工作,促进群众体育和竞技体育全面发展,加快建设体育强国。

4. 习近平总书记谈"2022北京冬奥会、冬残奥会"

习近平总书记多次在重要会议及相关场合发表重要讲话,高度重视2022北京冬奥会、冬残奥会申办、筹办与举办工作。在此,选取习近平总书记关于"2022北京冬奥会、冬残奥会"的重要论述,予以强调说明。

2015年8月22日,习近平总书记会见国际奥委会主席巴赫时指出:2022年冬奥会在北京举办,是中国体育和经济社会发展同世界奥林匹克运动发展开创双赢局面的重要契机,也将进一步激发中国民众对奥林匹克运动的热情,带动更多中国人关心、热爱、参与冰雪运动,为奥林匹克运动发展和奥林匹克精神传播作出积极贡献。

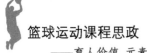

2016年3月18日,习近平总书记在听取北京冬奥会冬残奥会筹办工作情况汇报时强调:场馆和基础设施建设是筹办工作的重中之重,周期长、任务重、要求高,要加快工作进度,充分考虑赛事需求和赛后利用,充分利用现有场馆设施,注重利用先进科技手段,注重实用、保护生态,坚持节约原则,不搞铺张奢华,不搞重复建设。

2017年8月27日,习近平总书记在天津会见全国体育系统先进集体和先进工作者代表等时强调:加快建设体育强国,就要高质量筹办2022北京冬奥会,全力做好各项筹办工作,特别是要做好备战工作,加快冰雪运动普及和提高,努力举办一届精彩、非凡、卓越的奥运盛会。

2019年2月1日,春节前夕习近平总书记在北京看望慰问基层干部群众时指出:办好北京冬奥会、冬残奥会,是党和国家的一件大事。要全面落实绿色、共享、开放、廉洁的办奥理念,充分考虑场馆的可持续利用问题,高标准、高质量完成各项筹办任务。

2021年1月20日,习近平总书记在主持召开北京2022年冬奥会和冬残奥会筹办工作汇报会时指出:要突出"简约、安全、精彩"的办赛要求,全面防范化解各种风险,精心做好赛事组织、赛会服务、科技应用、文化活动等各项筹办工作,最大限度降低疫情风险。

2021年1月,习近平总书记在北京河北考察并主持召开北京2022年冬奥会和冬残奥会筹办工作汇报会时讲话指出:要坚定信心、奋发有为、精益求精、战胜困难,认真贯彻新发展理念,把绿色办奥、共享办奥、开放办奥、廉洁办奥贯穿筹办工作全过程,全力做好各项筹办工作,努力为世界奉献一届精彩、非凡、卓越的奥运盛会。

2022年1月5日,习近平总书记在北京考察2022年冬奥会、冬残奥会筹办备赛工作时强调:作为东道主,我们不仅要办好北京冬奥会、冬残奥会,而且要努力取得好成绩。希望大家抓住最后的备战关键期专心训练,以最佳的竞技状态迎接大赛的到来。习近平总书记强调,人生能有几回搏,长期准备、在此一举。希望大家增强为国争光的志气和勇气,坚持拼字当头,敢于拼搏、善于拼搏,在奥运赛场展现新时代中国运动员的精神风貌和竞技水平,力争在竞技上、道德上、风格上都拿最好的奖牌。

2022年4月8日,习近平总书记2022北京冬奥会、冬残奥会总结表彰大会上的讲话中指出:七年磨一剑,砥砺再出发。北京冬奥会、冬残奥会是在全党全国各族人民向第二个百年奋斗目标迈进的关键时期举办的重大标志性活动。我们要积极谋划、接续奋斗,管理好、运用好北京冬奥遗产。北京冬奥会、冬残奥会既有场馆设施等物质遗产,也有文化和人才遗产,这些都是宝贵财富,要充分运用好,让其成为推动发展的新动能,实现冬奥遗产利用效益最大化。要继续推动冰雪运动普及发展,强化战略规划布局,建设利用好冰雪场地设施,发展冰雪产业,丰富群众冰雪赛事活动,把群众冰雪运动热情保持下去。要充分挖掘利用北京冬奥文化资源,坚定文化自信,更加自信从容传播中国声音、讲好中国故事。要弘扬人道主义精神,尊重和保障人权,完善残疾人社会保障制度和关爱服务体系,促进残疾人事业全面发展,支持和鼓励残疾人自强不息。

5. 习近平总书记给北京体育大学2016级研究生冠军班全体学生的回信

北京体育大学2016级研究生冠军班的同学们:

你们好! 来信收到了,得知你们珍惜深造机会,边努力学习,边刻苦训练,积极参与全民健身推广工作,我感到很高兴。

我看过你们不少比赛,每当看到我国体育健儿在重大国际赛事上顽强拼搏、勇创佳绩、为国争光时,我从心里面为大家喝彩。新时代的中国,更需要使命在肩、奋斗有我的精神。希望你们继续带头拼、加油干,为建设体育强国多作贡献,为社会传递更多正能量。祝你们学业有成。请转达我对北体大全体师生和正积极备战奥运等赛事的运动员、教练员的诚挚问候!

习近平

2019年6月18日

6. 习近平同志对中国篮球运动的关心

习近平总书记谈"三大球"发展:2014年8月15日下午,第二届夏季

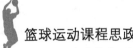

青奥会开幕前夕,中共中央总书记、国家主席、中央军委主席习近平到南京青奥会运动员村看望中国体育代表团。在青奥村训练馆篮球场边,国家主席习近平对队员和教练说:"三大球"要搞上去,这是一个体育强国的标志。比较而言,女子项目发展条件和基础更好些。我们的篮球排球有过辉煌,也有过高水平,可把篮球的目标定得更高点,争取拿到更好的成绩,你们这一代大有希望。

国家主席习近平出席 2019 年国际篮联篮球世界杯开幕式:2019 年 8 月 30 日晚,2019 年国际篮联篮球世界杯开幕式在北京水立方举行。国家主席习近平出席开幕式并宣布 2019 年国际篮联篮球世界杯开幕。

第三章　课程思政融入篮球课程
教学的实施载体

导言:新时代体育课课堂教学应以人才培养为目标,以立德树人为导向,以实践创新为引领,以教学质量提升为内涵,构建全方位、多角度的课程思政教学体系,使思想教育与技能学习有机融合,同向同行。2018 年 9 月 10 日,习近平总书记在讲话中指出,要把立德树人融入思想道德教育、文化知识教育、社会实践教育各环节,学科体系、教学体系、教材体系、管理体系要围绕这个目标来设计,教师要围绕这个目标来教,学生要围绕这个目标来学。以讲话精神为引领,课程思政应成为贯穿篮球技术课教学全过程的引导。如何在教学过程中引导师生育德、树德与立德,如何培养学生爱国、守法、敬业,如何强化教育师德、师风、施教,如何评价课程功能、效果、特色等,使体育的功能、价值与精神得到积极弘扬与有效践行。本章以篮球课程教学为例,通过完善篮球课教学文件思政元素融入设计,引导课程建设;通过加强篮球课思政内容融入设计,提高课程效果,即通过抓教材建设、抓教学文件设计、抓教学过程管理、抓师德师风建设、抓考核评价管理等,不断提高体育课教学效果。篮球课程建设,即以"教材""教学大纲""教学计划(教学进度)""教案"为依托,将"立德树人"理念融入课程设计,形成环环相扣的育人体系。

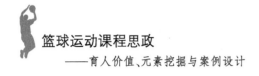
第一节　课程思政融入篮球课程教材编写

一、课程思政融入篮球课程教材编写的意义

教材是供教学用的资料,如课本、讲义等。教材的定义有广义和狭义之分。广义的教材指课堂上和课堂外教师和学生使用的所有教学材料,比如课本、练习册、活动册、故事书等。狭义的教材即教科书。教科书是一个课程的核心教学材料。体育课教材是教师对教学文件设计与学生进行体育知识学习的依据,在教学过程中起到重要作用。体育专业教材建设是体育教学过程开展思政育人的重要渠道,教什么、学什么均以教材为依托。以篮球课程教学为例,篮球运动的特点可以概括为集体性、协同性、对抗性、竞争性、趣味性、丰富性等。围绕篮球运动的主要特点,应通过理论讲授、思政引导、案例分析等,使学生了解篮球运动内涵、价值、精神与文化等。在篮球专业教材建设过程中,进一步修改与完善现有高等院校篮球通用教材,进一步从思政育人角度,对篮球运动的功能与价值进行全面深入介绍、说明与解析。

二、课程思政融入篮球课程教材编写的设计

（一）篮球教材编写的用途与内容

篮球教材的编写内容是指导篮球课教什么、学什么的学习导向。现以《球类运动——篮球》(第三版)普通高等学校体育教育专业主干课教材、《现代篮球运动高级教程》全国体育院校研究生、专修生通用教材,具体编写内容为例,进行解析。

1.《球类运动——篮球》(第三版)编写用途与内容

（1）编写用途:从编写说明看,该书是在坚持继承与发展、创新与提高、科学与规范等原则的基础上进行的全面修订。该书可作为全国普通

高等学校体育教育专业本、专科篮球普修课教材,也可作为从事篮球教学、训练指导工作者的实用手册和广大篮球爱好者的自学参考书。

(2)编写内容:该书紧密围绕普通高等学校体育教育专业培养目标,结合体育教学工作的实际,较全面、系统地介绍了篮球运动的文化内涵、基本技术与战术、篮球科研、篮球游戏、篮球队训练与比赛指导、篮球运动竞赛的组织与编排和篮球场地设备等内容。同时还汲取了近几年篮球运动科学研究的新成果,充实了篮球运动的新理念、教学与训练的新方法及中小学篮球教学中的新内容。同时,在呈现方式上,采用了二维码链接视频资源的方式,使技术动作的呈现及战术的演练生动形象,从而大大增强了学生学习的实用性和有效性,也进一步彰显了时代感和先进性等特点。该书共包括十九章的撰写内容。主要为:篮球运动概述、篮球教学、移动技术、传接球技术、投篮技术、运球技术、持球突破技术、防守技术、抢篮板球技术、攻守战术基础配合、快攻与防守快攻、人盯人防守与进攻人盯人防守、区域联防与进攻区域联防、中学篮球队训练与比赛指导、篮球科学研究、篮球游戏、篮球比赛裁判工作、篮球运动竞赛的组织与编排、小篮球运动。

2.《现代篮球运动高级教程》编写用途与内容

(1)编写用途:从编写说明看,篮球运动是我国人民喜闻乐见的大众体育项目,也是体育专业院校最基本的由多学科交叉融合的一门运动学科和课程,而且是一项国际性影响极大的竞技体育项目。《现代篮球运动高级教程》的一个特点是,进一步紧密把握前沿,反映新世纪世界篮球运动的发展趋势,介绍了国际篮球界关注、中国篮球界长期探讨的一些疑虑问题,并进行了简明的阐述;还联系新中国半个多世纪以来的实际,提出中国篮球运动的训练指导思想和技、战术风格的构建思路,以供从事篮球运动教学、训练和科学研究的学者、专家们探讨;对各专题内容进行了符合实际的调整和修正,特别是从培养高层次人才的需要和我国篮球运动实际出发,充实了有关新的章节内容,体现出与时俱进的创新精神;突出一个"精"字,无论从内容的理论分析、概念解释、用词选择,还是图文

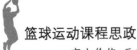

并茂等方面,均更精练、准确、流畅,具有严谨的治学态度。该书可作为培养全国体育院校从事篮球运动的研究生、专修生等篮球项目高层次、精、专、深地从事篮球教学、训练、科学等工作人员使用的通用教材。

(2)编写内容:该书共包括二十七章的撰写内容。主要为:篮球运动总论、篮球运动技术原理、篮球技术教学与训练、篮球运动战术原理、篮球战术教学与训练、篮球教学理论与方法、篮球训练理论与方法、篮球基本功训练、篮球中锋核心后卫的分析与培养、篮球比赛的攻守转换、篮球比赛训练、篮球运动员的专项身体素质训练、篮球意识及其培养、篮球运动员的心理训练、篮球比赛的准备与指挥工作、篮球运动员的营养与恢复、篮球运动常见损伤的处理治疗预防与康复训练、篮球队的管理、篮球竞赛的组织管理、篮球规则与裁判法、高水平篮球裁判员基本素质与培养、篮球高级教练员基本素质与执教要求、体育教育训练学(篮球)研究生教育与培养、篮球运动科学研究工作、儿童少年篮球运动员的选材与训练、职业篮球俱乐部、篮球比赛场馆设备及场地的修建与养护。

(二)课程思政融入篮球课程教材编写的元素设计

篮球专业教材建设是篮球教学过程开展"思政育人"环节的重要保证,"教什么""学什么"均以教材为依托。

表3-1　篮球通用教材第一章与各节内容介绍

书名	适用范围	第一章 标题	第1-4节 标题
球类运动——篮球①	普通高等学校体育教育专业主干课教材	篮球运动概述	1.世界篮球运动概况 2.中国的篮球运动 3.篮球运动的特点、规律和发展趋势 4.重要篮球赛事介绍

① 王家宏主编.球类运动——篮球(第三版)[M].北京:高等教育出版社,2015:1-19.

书名	适用范围	第一章 标题	第 1-4 节 标题
现代篮球高级教程①	全国体育院校研究生、专修生通用教材	篮球运动总论	1. 篮球运动演进的哲学基础与运动规律 2. 世界篮球运动竞技水平的现状 3. 21 世纪世界篮球运动的发展趋势 4. 中国的篮球运动

表 3-1 为《球类运动——篮球》"普通高等学校体育教育专业主干课教材"与《现代篮球高级教程》"全国体育院校研究生、专修生通用教材"第一章及第 1—4 节教材内容介绍。第一章作为"篮球运动"的总论部分,上述两本教材均详细地对"篮球运动的发展历史、发展趋势与项目规律"等进行了介绍,但从"思政育人"角度,全方位地挖掘篮球运动的多元功能与精神价值等还应更加深入具体。篮球运动可以培养学生的集体主义精神、拼搏向上、团结互助、勇攀高峰、为国争光、文化传承、坚定信仰、健康体魄、规则意识与法治观念、意志品质与心理适应等精神品质。围绕篮球运动的主要特点及所反映的精神风貌,应在篮球教材各章节内容设计的过程中,大量融入思政元素,在篮球专业教材建设过程中与时俱进地予以丰富。为此,应进一步修改与完善现有高等院校篮球通用教材,在第一章设定专门一节以"篮球运动的思政功能"为切入点,对"篮球运动的功能与价值"进行全面深入地介绍、说明与解析。同时,应进一步修改篮球通用教材,在各章节中均增加并融入"思政元素",使学生了解篮球运动内涵、挖掘篮球运动价值、吃透篮球运动精神、传承篮球运动文化。

---

① 孙民治主编. 现代篮球高级教程[M]. 北京:人民体育出版社,2004:1-38.

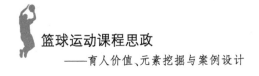

第二节　课程思政融入篮球课程教学大纲

一、课程思政融入篮球课程教学大纲的意义

现阶段,篮球课程"教学大纲"与"思政育人"相关内容较多地表述在教学目标设置上,基本表述为"培养学生形成正确的体育道德意识和行为规范。结合篮球运动特点,培养学生团队精神、顽强拼搏作风、竞争合作意识"。在"教学大纲"教学内容、知识点、基本要求与考核评价方式等方面,再无专门涉及到思想教育的相关学习要求及考核内容与标准。由此可见,将"立德树人"思想融入篮球课教学全过程,应以"教学大纲"为根本,做到在"教学目标"上突出思想教育,强化思政引导;在"教学内容"上精心设计课程思政,融入知识传授;在"考核评价"上科学制订考核标准,强化"育德与育技""德育与技艺"全面发展。

二、课程思政融入篮球课程教学大纲编写的设计

(一)篮球教学大纲编写的用途与内容

编写用途:篮球课教学大纲是根据学校专业教学计划而设定的纲领性文件,是篮球课教师进行课程教学的依据。

编写内容:《篮球课程教学大纲》的编写内容主要包括:课程基本信息、课程教学目标、学时分配、教学内容、知识点、基本要求、考核与评价等内容。

编写范例:《篮球课教学大纲》

表 3-2 《篮球课教学大纲》编写范例

课程名称:《篮球课教学大纲》××体育学院普修课(32学时)

课程基本信息	课程名称:篮球 英文名称:Basketball 课程类别:公体课 适用专业:非体育专业 学　　时:32 学　　分:2			
课程教学目标	通过篮球课程的教学,使学生了解篮球运动的现状及发展趋势;基本掌握篮球主要技、战术的基本理论、主要技术动作和主要基础战术配合。传播篮球运动文化,使学生初步具备感受、鉴赏、表现、创造篮球运动美的能力。养成学生正确的体育道德意识和行为规范。结合篮球运动特点,培养学生团队精神、顽强拼搏作风、竞争合作意识。基本掌握篮球教学的基本方法和要点,了解篮球竞赛规则和裁判法			
学时分配	教学内容	教学时数	教学形式	时数分配
	篮球运动概述 技术基本理论知识 篮球赛组织与编排	2(理论部分)	课堂讲授 观看录像	6%
	基本技术 基本战术 教学比赛	26(实践部分)	教学 实践课	82%
	考核	4		12%
	合计	32		100%
教学内容、知识点与基本要求	(一)理论部分 第一部分　篮球运动概述 第一节　篮球运动的特点与作用 第二节　篮球运动的起源与发展 第三节　我国篮球运动的发展概况 知识点:篮球运动的起源与演变、发展概况及今后发展趋势;旧中国、新中国篮球运动发展概况 基本要求:了解篮球运动的特点与作用、起源与发展趋势及目前我国篮球运动的现状与水平 第二部分　篮球基本技术及教学 第一节　篮球技术基本理论 第二节　移动 第三节　传接球			

第四节　投篮
第五节　运球
第六节　突破
第七节　防守
第八节　篮板球
知识点:篮球技术概念、分类;教学步骤与方法;移动技术概念、分类及动作分析;传接球技术概念、分类及动作分析;投篮技术概念、分类及动作分析;运球技术概念、分类及动作分析;突破技术概念、分类及动作分析;防守技术概念、分类及动作分析;抢篮板球技术概念、分类及技术分析
基本要求:了解篮球各项技术的概念与分类,掌握常用基本技术动作方法、运用时机、动作要领及教学步骤
第三部分　篮球竞赛的组织与编排
第一节　篮球竞赛的组织工作
第二节　篮球竞赛制度、编排及成绩计算方法
知识点:赛前准备工作;比赛期间工作;赛后结束工作;循环制、淘汰制及混合制;各赛制的编排与成绩计算方法
基本要求:了解篮球比赛的组织工作,掌握循环制的编排及成绩计算方法
(二)技术部分
第一章　基本技术
第一节　移动:基本站立、姿势急停、转身、滑步、侧身跑、变方向跑
重点;急停、转身
难点:滑步
基本要求:保持重心,动作正确,步法清楚
第二节　传接球:双手胸前传接球、单手胸前传接球、单手体侧传球、单双手反弹传接球
重点:双手胸前传接球
难点:单双手反弹传接球
基本要求:传球手法正确,了解传接球的手指、手腕、身体动作、准确的传球方法、发力点、动作的隐蔽性,球的落点准确,全身协调用力,以及教学的手段方法
第三节　投篮:原地单手肩上投篮、行进间单手低手(高手)投篮、双手胸前投篮(女)
重点:原地单手肩上投篮
难点:行进间单手低手投篮
基本要求:投篮手法正确,投篮技术中手指、手腕、手臂、身体平衡、投篮抛物线等动作的准确性,全身协调用力
第四节　运球:高低运球、运球急起急停、体前变方向运球、运球转身
重点:高低运球、运球急起急停、体前变方向运球
难点:运球转身

	基本要求:拍球部位正确,手指、手腕、身体动作的连贯、运球的距离变化和运球的频率变化,手脚协调配合 第五节 持球突破:交叉步突破、同侧步突破 重点;交叉步突破 难点:同侧步突破 基本要求:蹬、转、探、推放、加速各环节连贯协调,中枢脚不移动以及突破技术与其他技术的结合练习及运用 第六节 防守:防守持球队员;防守无球队员 重点;防守持球队员 难点:防守无球队员 基本要求:防守选位合理、姿势正确,方法得当,动作、步法、站位合理、防守的判断力、防无球队员动作、防持球队员动作、强侧与弱侧的关系、松与紧的关系 第七节 抢球、打球、断球技术 技术点:抢球、打球、断球的运用时机、动作方法、运用的时机 第八节 抢篮板球技术 重点:抢进攻篮板球技术 难点:抢防守篮板球技术 基本要求:抢篮板球技术的身体动作、脚步动作、掌握好以下环节抢占位置、起跳动作、空中抢球动作、得球后的动作 基本战术 第一节 基础配合:传切配合、掩护配合、策应配合、突分配合、交换防守、挤过配合 重点:传切配合、侧掩护配合 难点:策应配合、挤过配合 基本要求:了解各位置分工与职责,掌握配合时机、配合路线 第二节 快攻:发动与接应、二攻一、三攻二 重点:二攻一 难点:发动与接应 基本要求:了解快攻战术的形式与方法 第三节 进攻与防守战术:半场人盯人防守、区域联防、进攻半场人盯人防守、进攻区域联防 重点:半场人盯人防守、区域联防(2-1-2) 难点:进攻半场人盯人防守、进攻区域联防(1-3-1) 基本要求:了解攻守半场人盯人与攻守区域联防的形式与方法
考核与评价	考核方式:考试(√) 考查( ) 考核形式:技术考试:技评与达标,在考核课中进行 考核内容:原地单手肩上投篮(女生可双手投篮)、半场往返运球上篮、全场综合技术 成绩评定:技术成绩60%、平时成绩40%
教材与 参考书目	《球类运动——篮球》高等教育出版社,王家宏主编,(第二版 2009年)(第三版 2015年)

（二）篮球教学大纲编写的元素设计

体育课教学大纲是根据学校专业教学计划而设定的纲领性文件，是体育课教师进行课程教学的依据。

表 3-3　篮球课育人目标汇总表（N=15 所全国体育高等院校）

育人目标	数量	百分比	排位
集体主义	15	100.00%	1
规矩意识	13	86.67%	2
顽强意志	11	73.33%	3
吃苦耐劳	5	33.33%	4
敬业精神	4	26.67%	5
创新意识	3	20.00%	6
爱国主义	2	13.33%	7

表 3-3 为全国 15 所体育高等院校篮球课育人目标汇总，归纳第 1-7 的排名顺序为：集体主义、规矩意识、顽强意志、吃苦耐劳、敬业精神、创新意识和爱国主义。培养学生意志品质主要集中在团队意识、规矩意识、顽强意志等方面，对爱国主义、创新意识等方面涉及较少。由此可见，课程思政融入篮球课教学目标尚不完善，这也是影响篮球课思政协同育人效果的因素之一。分析发现，篮球课程教学大纲与思政育人相关内容较多地表述在教学目标设置上，基本表述为：培养学生形成正确的体育道德意识和行为规范。结合运动项目特点，培养学生团队精神、顽强拼搏作风、竞争合作意识。在"教学大纲"教学内容、知识点、基本要求与考核评价方式等方面，较少涉及到思想教育内容。由此可见，将立德树人思想融入篮球课教学全过程，应以教学大纲为根本，做到在教学目标上突出思想教育，强化思政引导；在教学内容上精心设计课程思政，融入知识传授；在考核评价上科学制订考核标准，强化育德与育技、德育与技艺全面协调发展。

第三节　课程思政融入篮球课程教学计划

一、课程思政融入篮球课程教学计划的意义

教学计划(教学进度)是体育课教学内容的总体规划,是课程教学的主要遵循,是依据教学大纲规定的教学任务、内容和学时,把课程教材的具体内容分配到每次课程文件。在教学进度设计时融入课程思政的目标与形式,不仅使任课教师在思想上提高重视度,而且在教学内容安排与设计上提高融入度。篮球课上什么内容,磨炼学生什么意志品质,使课程思政融入篮球课教学形成常态化,使教师逐步形成自身独特的思政育人风格,在重点突出思政育人目标的同时,应避免思政教学组织形式的单一化。

二、课程思政融入篮球课程教学计划编写的设计

(一)篮球教学计划编写的用途与内容

编写用途:篮球课程教学计划(教学进度)是篮球课教学内容的总体规划,是课程教学主要遵循,是依据教学大纲规定的教学任务、内容和学时,把教学的具体内容分配到每次课程文件,思政育人理念要融入到篮球课教学文件设计中。

编写内容:《篮球课程教学计划》的编写内容主要以表格的形式,列出各次课完成的教学内容,主要包括:周次、课次、学时、教学内容等。

编写范例:《篮球课教学计划》

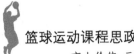
表3-4 《篮球课教学计划》编写范例

课程名称:《篮球课教学计划》××体育学院普修课(32学时)				
周次	课次	学时	教 学 内 容	备 注
1	1	2	1.学习基本站立姿势、起动、侧身跑、急停(跨步、跳步) 2.学习原地双手胸前传接球 3.学习行进间双手胸前传接球	课后作业:原地双手胸前传接球动作要领
1	2	2	1.学习转身(前后)、变方向跑 2.学习原地高低运球、运球急停急起 3.学习原地单手肩上投篮(男)原地双手胸前投篮(女)	课后作业:原地单手肩上投篮动作要领
2	3	2	学习行进间高手投篮 学习行进间低手投篮	课后作业:行进间低手投篮动作要领
2	4	2	1.学习体前变向换手运球 2.学习运球后转身	
3	5	2	1.学习单手肩上传球、反弹传接球 2.学习原地持球交叉步突破 3.学习原地持球同侧步突破	课后作业:原地持球交叉步突破动作要领
3	6	2	1.学习跳投技术 2.学习抢篮板球技术	
4	7	2	1.学习防守脚步:滑步、攻击步、后撤步 2.学习防守对手(防守无球与有球队员) 3.半场三打三	
4	8	2	1.综合技术练习 2.学习进攻基础配合:传切、突分、掩护、策应 3.学习防守基础配合:挤过、穿过、交换防守 4.半场三打三	
5	9	2	综合技术练习 学习快攻与防快攻战术 教学比赛	
5	10	2	复习进攻技术(运球、投篮、持突破技术)	随课测评:原地单手肩上投篮

序号	课次	时数	教学内容	
6	11	2	1.学习半场人盯人防守与进攻半场人盯人战术 2.教学比赛	
	12	2	1.学习半场2-1-2区域联防、半场1-3-1进攻区域联防 2.教学比赛	.
7	13	2	理论课 1.篮球运动概述 2.篮球技术分类与分析 3.篮球组织竞赛与编排	
	14	2	技、战术总复习	
8	15	2	技术考标试(达、技评)	撰写篮球课学习总结与体会
	16	2		

(二)篮球教学计划编写的元素设计

在教学进度设计时融入课程思政的目标与形式,不仅使任课教师在思想上提高重视度,而且在教学内容安排与设计上提高融入度。表3-5是表格符号式教学进度对课程思政融入元素的设计表。在进度设计时融入课程思政目标与形式,不仅使任课教师在思想上提高重视度,而且在教学内容安排与设计上提高融入度。篮球课上什么内容,磨炼学生什么的意志品质,使课程思政融入篮球课形成常态化。

表3-5　表格符号式教学进度设计表

序号	课次	时数	教学内容	课程思政预期目标	课程思政融入形式

第四节　课程思政融入篮球课程教案设计

一、课程思政融入篮球课程教案编写的意义

教案是体育课教学组织的操作模板,是教学的设计支撑。完善教学环节,应在教案设计上突出思政融入,强化操作性、应用性与有效性。为此,应以"教学内容"为依据,围绕新授课内容与复习课内容进行教学内容、教学方法、练习形式与组织设计,思政育人与技术学习的双轨制,使课程思政达到积极地推进效果。应以"教案"设计为切入点,使师生在教学互动中,发挥课堂育人功能,摒弃被动知识传授、强化实践创新、挖掘思政内涵、体现德技并重。考虑到课程教学内容(新授课、复习课)、教学环节(准备部分、基本部分、结束部分)等,将思政育人内容融入篮球课教学设计的各环节,精心设计、找契合点、找融入点,走出传统教案设计的常规模式,不仅在篮球课程教学任务中体现课程思政理念,也要在教学组织模式、教学方法以及课后小结等设计方面加以融入。

二、课程思政融入篮球课程教案编写的设计

篮球课教案是篮球教学组织的操作模板,是篮球课教学的设计支撑。完善教学环节,应在教案设计上突出思政融入,强化操作性、应用性与有效性。教案是每次课程应执行的教学依据。现阶段,篮球课教师在教案中对学生的思政教育主要体现在教学任务中,对在教学过程的教学方法、运动负荷以及课后小节的思政元素融入还需要不断完善。以教案设计为切入点,师生在教学互动的过程中,应将"课程思政"融入课堂教学全过程,发挥课堂全程育人功能。考虑到将课程思政融入篮球课教学,在教案制定的过程中,应予以融入与设计。本文提出的设计设想为:以教案为依据,在篮球课课堂教学中,考虑到课程教学内容(新授课、复习课)、教学

环节(准备部分、基本部分、结束部分)等,将思政课程教学内容融入篮球课教学的各环节,达到全员、全方位、全过程的课堂思政改革的育人体系。

表 3-6　表格式教案设计表

课程任务					
课程目标		课程思政育人目标:			
		课程内容学习目标:			
课程部分	时间	课程内容		课程组织	
		学习内容	思政元素融入点	组织教法	思政元素融入方式
准备部分					
基本部分					
结束部分					
课后小节					

第五节　课程思政融入篮球课程教学组织

一、课程思政融入篮球课程教学组织的意义

当前篮球课堂教学过程中面临的主要问题为:在教学目标上,过度重视技术动作的规范化、专业化,忽视了运动项目的人文价值、精神内涵与育人功能;在教学内容上,过度重视技术动作的讲解与示范,忽视了技术运用过程中的德艺表现与品格形成;在评价方式上,过度重视考核成绩的达标化,忽视了学习过程中人格塑造、团结合作、竞争精神的考核。此种课程教学与考核导向,不利于学习掌握与挖掘运动项目的精神价值、人文内涵,不利于学生全面综合素质的提升。为此,新时代篮球课课堂教学应以人才培养为目标,以立德树人为导向,以实践创新的引领,以教学质量提升为内涵,构建全方位、多角度的课程思政课堂教学评价体系,使思想

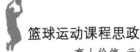
教育与技能学习有机融合,同向同行。

篮球课程课堂教学通常有两种形式:实践课和理论课,实践课在课时分配中所占比重较大。实践课应以学生为主体、教师为主导,充分调动学生的积极性。教师教学过程融合施教与施德,使教学活动在生动、活泼的氛围中达到润物无声的效果。科学地设计教学内容,可以使思政育人理念贯穿教学始终。

二、课程思政融入篮球课程教学组织的设计

课堂教学中,结合课程学习内容,在课程准备部分、基本部分与结束部分融入课程思政教学内容,将案例分析、情景分析、事件分析、内容分析等融入教学设计。在课程基本部分,结合新授课内容,采用多种教学形式,通过发挥骨干带头、党员模范、教师引导、团队合作等方式使学生在技术课练习过程积极发挥主观能动性,融入品德培养、意志锻炼、团结协作、创先争优等灵活的思想政治教育渠道,使课程思政与课堂教学融合互动,学生在学习运动技术的过程中,参与思考,实现技能掌握与情感、行为的同步发展,在潜移默化中实现"德育"的提升。

以篮球项目"防守脚步移动技术"教学为例:在课程开始部分,通过教学任务介绍,了解防守脚步移动在篮球技术应用中所处的重要地位及学习该技术所应具备的个人精神风貌与团队协作要求;在课程基本部分,结合新授课内容,教学讲解中详细讲解防守脚步移动的动作方法与要领,动作示范上采用教师示范与多媒体演示等方法,形象生动地展示防守技术;组织练习中,防守队员全力以赴,积极移动,防守对手,防守队员相互配合,加强协防,攻守队员相互鼓励,团队竞技。练习提示中,同学之间相互讨论,对存在问题予以纠正。通过动作讲解、示范、分析与组织练习等方式,全程贯穿思政育人理念,指出成功的防守技术对比赛的影响,优秀的防守队员同样可以成为球队的主力队员。培养学生勇于拼搏、团结互助、精益求精的精神风貌。在课程结束部分,通过教学总结,点评防守脚步移动技术学习情况;布置课后作业"以积极的防守脚步移动技术所表

现出运动员的精神、品质与价值"为题,写一篇学习体会等。

以课程思政为切入点,对篮球课程融入课程思政元素进行案例分析,选取学习"防守脚步移动技术"进行篮球课课堂教学设计。

表 3-7 课程思政融入篮球技术课课程设计案例(学习内容:防守脚步移动技术)

课程部分	课程思政融入"篮球技术课"课程设计	思政育人融入方式
准备部分	教学任务:介绍本次课学习内容,提出学习要求 思政引导:对学习"防守脚步移动技术"的意义与重要性进行说明:"篮球比赛中,得分靠进攻,赢球靠防守。"防守脚步移动在篮球技术应用中处于重要地位。防守队员虽然不像得分队员那样可以赢得观众的掌声,但正是因为防守队员积极、顽强、努力的拼抢,才使对手降低得分,最终赢得比赛胜利。防守队员默默无闻的努力与奉献,既是篮球运动员精神品质的体现,也是篮球运动团队精神的体现	1.案例分析 2.事件分析
基本部分	教学讲解:详细讲解防守脚步移动的动作方法与要领 动作示范:采用教师示范与多媒体演示等方法,形象生动地展示防守技术 组织练习:练习中,防守队员全力以赴,积极移动,防守对手;防守队员相互配合,加强协防;攻守队员相互鼓励,团队竞技。练习提示中,同学之间相互讨论,相互提示,对存在问题予以纠正 思政引导:通过采用动作讲解、示范、分析与组织练习等方式,全程贯穿思政育人理念。说明成功的防守技术对比赛的影响,优秀的防守队员同样可以成为球队的主力队员。培养学生勇于拼搏、团体互助、精益求精等精神风貌	1.技术分析 2.骨干带头 3.党员模范 4.教师引导 5.团队合作
结束部分	教学总结:点评防守脚步移动技术学习情况 思政引导:从课堂纪律、课堂质量、精神风貌、学习启示等方面予以课程思政引导 课后作业:以积极的防守脚步移动技术所表现出运动员的精神、品质与价值为题,写一篇学习体会	1.学习总结 2.思考启示

科学地设计教学内容,可以使思政育人理念贯穿教学始终。表 3-7 为以"防守脚步移动技术"为教学内容所设计的课程思政融入篮球课程的案例分析。课堂教学中,结合本次课学习内容,在课程准备部分、基本

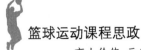

部分与结束部分融入课程思政教学内容,将案例分析、情景分析、事件分析、内容分析等融入教学设计。在课程基本部分,结合新授课内容"防守脚步移动技术",采用多种教学形式,通过发挥骨干带头、党员模范、教师引导、团队合作等方式使学生在技术课练习过程积极发挥主观能动性,融入品德培养、意志锻炼、团结协作、创先争优等灵活的思想政治教育渠道,使课程思政与课堂教学融合互动,学生在学习篮球技术的过程中,参与思考,实现技能掌握与情感、行为的同步发展,在潜移默化中实现德育的提升。

课前准备部分:教师要求学生提前到场地,避免迟到,培养学生不迟到、不早退的诚信意识;学生自主轮班制去借场地器材,体现为人服务的担当精神与主人翁责任感。

课程准备部分:由同学们轮流带领进行集合整队,体现学生们的表率作用;对学生提出要求,培养学生的规矩意识;师生问好,要求师生行鞠躬礼,培养学生尊敬师长、互敬互爱的优良品质;检查服装,要求学生注重个人形象,培养学生良好的精神风貌;热身活动,活跃课堂气氛,作好身体预热,激发学生上课程积极性和主动性,为基本部分的学习做好准备;队列队形变换,培养学生集体主义精神、规矩意识和纪律观念;游戏热身,调动学生积极性,培养学生安全意识和敢于挑战精神等。

课程基本部分:通过学习技术动作,体现学生努力争先、精益求精的学习状态;教师引导,抓住技能学习环节,在学习技能的同时予以思政引导,培养学生拼搏争先、认真钻研,团结协作的精神;在教学比赛等环节,要求学生遵守规则,培养学生遵纪守法的法治观念及团队配合的精神。

课程结束部分:对课堂学习效果进行抽查,一方面对教学效果进行评价,另一方面培养学生展示自我、敢于挑战的精神;放松整理活动,增强学生健康意识,放松活动可以让学生相互配合,培养学生互助互爱、团结友善的精神;课堂总结,在找差距、找不足的同时,运用启发与鼓励的方式,营造积极健康奋进的学习氛围;课后作业,督促学生更好地掌握篮球知识和技能,培养学生独立思考、自主练习的能力;收拾器材,养成爱护场地器材的习惯。

第六节　课程思政融入篮球课程教学评价

一、课程思政融入篮球课程教学评价的意义

篮球课教学考核与评价是教学管理的重要手段之一。通过对体育院校篮球课考核内容的统计可知,其主要包括以下两项考核,即理论技能考核、平时表现考核。理论技能考核内容包括个人技术和战术基础配合,理论知识、教学比赛、裁判实习等,平时表现考核内容包括课后作业、出勤率和学习态度等。篮球课思政育人标准与专业技能标准应是课程学习目标考核的基本遵循,应将正确的政治方向、高尚的道德情操与学生身心健康发展与技能学习水平等作为教学评价的基本准则,打破常规技术考核测试与技评方法,将考核比例予以调整。

二、课程思政融入篮球课程教学评价的设计

(一)对学生学习效果的考核评价设计

考核内容和评定方式要充分融入课程思政理念,构建科学的考核和评价体系。遵循思政育人目标要求,在教学内容中应增设思想素质模块,调整考核内容比重,丰富教学考核评价方式,应改变传统篮球课的"技术考试+平时成绩"的考核评价内容,采用"思想品德+团队合作+课程学习+技能展示+讲解示范"等多内容维度综合评价。在评价方式上,由教师单一评价方式,改为教师评价、学生自评、学生互评等多渠道评价方式。通过课程学习全过程评价,思想表现多角度评价,综合素质全面性展示,使学生德育、智育与技能得到全面测评,使课堂教学在培养学生技能的同时,达到塑造人全面发展的目的。

篮球课思政育人标准与专业技能标准应是课程学习目标考核的基本

遵循,应将正确的政治方向、高尚的道德情操与学生身心健康发展与技能学习水平等作为教学评价的基本准则,打破常规技术考核测试与技评方法,将考核比例予以调整。考核内容和评定方式要充分融入课程思政理念,构建科学的考核和评价体系。遵循思政育人目标要求,在教学内容中应增设思想素质模块,调整考核内容比重,丰富教学考核评价方式。

表3-8　篮球课考核评价方式

课程方式	考核内容与比重	评价方式
传统体育课教学	技术考试(70%~80%)+平时成绩(30%~20%)=总成绩(100%)	教师评价
课程思政融入体育课教学	思想品德(20%)+团队合作(15%)+课程学习(20%)+技能展示(25%)+讲解示范(20%)=总成绩(100%)	教师评价 学生自评 学生互评

表3-8为篮球课考核评价方式对比。篮球课"思政育人"标准与"专业技能"标准应是课程学习目标考核的基本遵循,应将正确的政治方向、高尚的道德情操与学生身心健康发展与技能学习水平等作为教学评价的基本准则,为此,在篮球课考核评价过程中,应打破常规技术考核测试与技评方法,将考核比例予以调整。改变传统的"技术考试+平时成绩"的考核评价内容,采用"思想品德+团队合作+课程学习+技能展示+讲解示范"等多维度综合评价。在评价方式上,由教师单一评价方式,改为教师评价、学生自评、学生互评等多渠道评价方式。通过课程学习的全过程评价,思想表现的多角度评价,综合素质的全面性展示,使学生"德育、智育与技能"得到全面测评,使课堂教学在培养学生"技能"的同时,达到塑造人全面发展的目的。

(二)对教师师德师风的考核评价设计

习近平总书记曾指出,人民教师无上光荣,做老师就要执着于教书育人。教师在教学过程中的育人能力与育人意识将取决于课程思政的融入效果。教师应从思想与行动上转变重传授专业知识,忽视思想育人的做法,要做学生灵魂的工程师,寓专业技能学习于学生品德、品行、品质能力的提升,为此,应在强化体育教师专业技能提高的同时,加强教师知识储备的厚重度与更新度,采取多指标评价方式,评价教师的"师德师风与教学质量",重视对教师为人师表、育人效果的评价,通过教学督导、教师自评、教师互评、学生评价等方式,对教师在教学过程中所展现出的德、能、勤、绩、廉等进行综合评价。

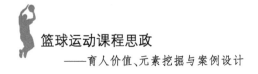
第四章　课程思政融入篮球课程教学的案例设计

导言：以立德树人为培养人的核心命题，课程思政将成为课程教学的重要环节。如何在教学过程中引导师生育德、树德与立德，如何培养学生爱国、守法、敬业，如何强化教学师德、师风、施教，如何评价课程功能、效果、特色等，进而得出将课程思政融入高校体育课教学，将使体育的功能、价值与精神得到积极弘扬与有效践行。篮球运动绝不仅仅是一项技能表现，它更是锻炼人、培养人、塑造人的重要载体，高校培养学生的根本目标是立德树人，教师从教的根本遵循是教书育人，只有深刻并全面地认识到篮球课程核心价值，在技能学习的同时，更加注重思政育人等，才能更好地践行立德树人的人才培养目标。本章以课程思政融入篮球课教学的具体案例设计为操作思考，通过具体案例设计，从针对性、应用性、操作性角度，提出设计参考建议，以期与同行专家学者共同探讨课程思政融入篮球课程教学的具体操作办法。

第一节　课程思政融入篮球理论课教学的案例设计

本节将通过对《篮球运动发展概论》《篮球竞赛规则与裁判法》两次理论课授课内容的案例设计，初步探讨课程思政融入篮球理论课教学的具体操作办法。

一、《篮球运动发展概论》理论课教学案例设计

《篮球运动发展概论》教学案例设计			
课程任务	学习《篮球运动发展概论》		
课程目标	课程思政育人目标： 刻苦钻研——理论指导实践，篮球运动理论发展促进实践提高，为此，在学好篮球技能的同时，必须加强理论学习，只有理论指导实践，才能更好地促进篮球技能提高。篮球运动不仅具有竞技功能，同时具有文化、育人、传承等多方面的功能，只有刻苦钻研，才能从中学到更多的知识 爱国精神——从1921年中国队第一次获得篮球世界冠军到走过百余年的发展历程，无数的历史瞬间凝结了中国篮球运动"爱国梦"。通过本课学习，可以更好地传承篮球运动的爱国主义精神 榜样激励——中国篮球运动从"南开五虎"时期的篮球爱国主义精神，到"抗日战争"时期的红色篮球运动精神，再到新时代中国篮球运动多元化发展，不同时期篮球运动的英杰人物，可以使学生深刻地感受到榜样的力量		
	课程内容学习目标：初步了解篮球运动的起源、本质、规律、功能、特点及国际、国内篮球运动的发展概况		

课程部分	时间	课程内容	
		课程内容	思政元素融入点与融入方式
课程开始	5	1.师生问好 2.点名 3.宣布本次课的任务与要求	1.课前准备 师生提前进入教室，做好课前准备，师生精神饱满、朝气蓬勃、积极向上 2.师生问好 尊严神圣、站姿规范、声音洪亮、体现尊师重教的精神风貌 3.学习导读 (1)介绍学习内容 (2)本次课思政元素关键词：钻研、认真、爱国、榜样等 4.思政元素融入方式 (1)班级干部带头作用 (2)党员先锋模范作用 (3)教师榜样引领作用

授课部分	35	《篮球运动发展概论》 篮球运动的本质是一项活动性游戏,是在特殊规则的限制下,以特殊的形式、方法、手段,进行攻守对抗的竞技体育运动项目 1.篮球运动发展简况 1.1 篮球运动的起源 篮球运动是由美国马萨诸塞州斯普林菲尔德市基督教青年会干部训练学校、在加拿大出生的体育教师詹姆斯·奈史密斯于1891年冬发明的。他受启发于当地儿童摘桃扔入桃筐的活动,在此基础上,组织成一种在一定地面范围的场地两端设置两个竹制桃筐,展开投篮游戏,篮球运动便由此发明并演进 1.2 篮球运动的功能 现代篮球运动的本质是一项集体性、综合性的活动性游戏,它可以因人、因地、因时、因需而异,组织形式灵活、参与方式便捷,具有丰富文化生活、构建和谐社会、提高人文氛围的功能 1.3 篮球运动的规律 (1)集体协同规律 (2)凶悍对抗规律 (3)攻守平衡规律 (4)动态变化规律 (5)全面统一规律 (6)攻守转换规律 1.4 篮球运动演进过程中的"三次浪潮" 第一次浪潮: 19世纪90年代——20世纪40年代 第二次浪潮: 20世纪50年代——20世纪80年代 第三次浪潮: 20世纪90年代至今 1.5 世界篮球运动的格局与流派 世界篮球运动竞技水平的格局 世界篮球运动技战术流派	思政元素融入点: 1.精神元素的挖掘 (1)"首夺冠军"民族精神的诠释 1921年中国共产党成立,同年我国篮球运动获得首个国际比赛冠军,其意义已经远远超出一场国际比赛胜利所展现的价值,对于百废待兴的旧中国起到鼓舞人民斗志,树立民族尊严的成效。这即是篮球运动的魅力与价值所在,它诠释与迸发了中华民族的爱国精神与民族自豪感 (2)"南开五虎"爱国精神的诠释 通过对以"南开五虎"为代表的几代中国篮球运动员在旧中国国际赛场上展现的民族气节及激发的奋斗精神等,更好地诠释中华民族的爱国主义精神 (3)"初登奥运"自强精神的诠释 1936年男子篮球正式列为奥运会比赛项目。中国首次派队参加在德国柏林举行的第11届奥运会篮球比赛。由于水平实力和政治经济条件受限,未能进入决赛。中国选手能够走出国门,踏入奥运赛场,极大地鼓舞了中国人民的民族自豪感 (4)"抗战时期"红色精神的诠释 通过对抗日战争时期,毛泽东同志在延安发出了"锻炼体魄,好打日本"的号召下,名扬全解放区的"战斗篮球队"的榜样力量,更好地诠释中国篮球运动的红色爱国主义精神 (5)"部队篮球"奋进精神的诠释 伴随着新中国成立70年的发展历程,八一男篮也逐步完成了从组建、到发展、到强盛、再到逐步下滑的过程。八一男篮竞技成绩的变化,反映了时代的发展与变化,也正是在体育产业化、市场化、社会化发展浪潮推动下,中国体育事业发展的必然走向。 历史

2. 中国篮球运动

2.1 篮球运动传入中国

现代篮球运动于 1895 年由美国基督教青年会派往中国天津基督教青年会就职的第一任总干事来会理介绍传入中国天津

2.2 现代篮球运动在中国的发展概况

第一阶段 1895—1948 年

第一时期 1895—1918 年初始传播时期

第二时期 1919—1936 年局部推广时期

第三时期 1937—1948 年艰难发展时期

第二阶段 1949—1994 年

第四时期 1949—1965 年发展高潮时期

第五时期 1966—1976 年停滞挫折时期

第六时期 1977—1994 年复苏提高时期

第三阶段 1995—2004 年

第七时期 1995—2004 年攀登攻坚时期

第四阶段 2005 年至今

第八时期 2005—2016 年深化改革时期

第九时期 2017 年至今体育强国建设新时代

2.3 中国篮球运动面临的任务

(1) 继续推进全方位的综合改革,建立适应社会主义市场经济需要,符合现代篮球运动发展规律的社会化、职业化、产业化管理体制

(2) 狠抓训练工作,确立正确的训练指导思想,形成自身技战术风格与特长

(3) "从娃娃抓起"是培养优秀篮球人才的规律与理念

(4) 抓好"职业俱乐部"与"职业联赛"的组织与建设

在前进,时代在发展,但八一男篮的精神将永远成为中国篮球运动的精神家园,时刻影响与激励着一代代篮球运动员不仅要成为篮球竞技赛场上的战斗者,更应成为红色体育精神的传承者

(6) "祖国至上"拼搏精神的诠释

以"中国女篮"在奥运赛场红旗飘扬、"男女篮"在世界大赛历史性突破、"中国移动长城"走出国门亮相 NBA 赛场等历史回顾,全面揭示中国篮球运动爱国主义精神

2. 篮球项目元素的挖掘

篮球运动具有的对抗性、竞争性、趣味性、娱乐性及协同性、整体性、团队性等特点,可以培养学生形成集体主义精神、团结互助、拼搏向上、勇攀高峰、为国争光、文化传承、坚定信仰、健康体魄及规则意识、法治观念、意志品质与心理适应等。由于篮球运动具有多元化特点与人格塑造价值,决定了篮球课教学,对于坚持以人为本,培养思想过硬、技术过硬、能力过硬的高校人才具有重要的育人价值

思政元素融入启示:

爱国主义。通过选取六个"经典记忆",更好地诠释中国篮球运动与民族发展同呼吸、共命运的时代精神。自 1921 年中国篮球运动夺得历史上第一个国际比赛冠军后,爱国主义精神伴随中国篮球运动走过百余年发展历程,凝结成中国篮球运动的爱国精神与强国梦想

2. 榜样激励。在不同社会背景与历史时期,"爱国梦"是伴随中国篮球运动发展的根基与主线。以"南开五虎"爱国精神、"抗战时期"篮球红史、"八一男篮"的冠军之路等历史事件为缩影,诠释中

		(5)进一步解放思想、加速发展篮球运动产业 3. 现代篮球运动的新理念与当代化特点 3.1 现代篮球运动的新理念 (1)贵在"理念" (2)智在"聪慧" (3)高在"制空" (4)快在"节奏" (5)悍在"凶狠" (6)准在"高分" (7)全在"综合" (8)变在"瞬间" (9)星在"奇特" (10)技在"升华" (11)阵在"应变" (12)帅在"智谋" (13)男、女"齐进" 2、现代篮球运动的当代化特点 (1)集体与个体协同性特点 (2)贴身紧逼对抗性特点 (3)不规律的转换特点 (4)时空性特点 (5)社会性的人文化特点 (6)综合教育健身性特点 (7)智谋化特点 (8)职业化特点 (9)高业化、产业化特点	国篮球运动的爱国情怀;以"中国男女篮"在世界大赛上历史性突破,诠释中国篮球运动的爱国精神;以"篮坛英杰"征战国际及NBA赛场等事件,揭示中国篮球运动的爱国展现,更好地诠释中国篮球运动与国家发展同呼吸、共命运的时代精神。篮球运动发展过程中的各时期的英杰人物也成为人们学习的榜样,激励青年人成为有理想、有情怀、有奋斗精神的时代新人 思政元素融入方式: 1. 发挥教师榜样作用:教师用熟练、生动、准确、全面的讲解带动学习的求知欲,使学生以教师为榜样,提高学生学习篮球理论知识的兴趣,更加喜欢并钻研篮球理论知识 2. 启发同学踊跃回答问题:与学生互动,启发学生思考问题,认真参与课堂讨论 3. 团体合作:教师出问题,学生以小组形式组成合作团体,先进行思考讨论,然后进行小组间的竞答
课程结束	5	1. 课堂小结 2. 布置课后复习内容 3. 宣布下课	思政元素融入点: 提示: (1)随机抽查课上学习内容 (2)学习回顾(勤于思考、积极发言、踊跃参与) 思政元素融入方式: 教师小结(回顾学习重点;提出课后复习要求;对本次课融入的思政元素进行总结)

课后作业	理论作业： (1)撰写本次课程学习体会 (2)以"你尊敬的篮球人"为题,写一下他的事迹及你为什么尊敬他的原因
教师课后小节	
学生学习效果反馈	

二、《篮球竞赛规则与裁判法》理论课教学案例设计

《篮球竞赛规则与裁判法》教学案例设计	
课程任务	学习《篮球竞赛规则》《篮球三人制裁判法》
课程目标	课程思政育人目标: 　　刻苦钻研——《篮球竞赛规则》是确保篮球比赛在顺利进行的保障,是篮球场上的法则,是球队必须遵守的行为准则。学好篮球竞赛规则,才能更好地运用技战术,更好地掌握篮球运动的规律,更好地驾驭比赛。学习篮球《篮球竞赛规则》《篮球三人裁判法》,同学习篮球技战术一样,均需要刻苦钻研规则条款与裁判执裁法则,只有熟练掌握与运用规则,才能更好地完成裁判员执裁工作。高水平的裁判员,必须依靠刻苦的学习与不断地练习才能胜任执裁工作 　　精益求精——高质量地完成裁判员执裁工作,必须要千锤百炼,在熟练掌握《篮球竞赛规则》《篮球三人制裁判法》的同时,做到精益求精,提高执裁的准确性,全面保障比赛顺利进行 　　团结协作——《三人制裁判法》是由三名裁判员共同配合完成执裁任务。三名裁判员是一个整体、一个团队,必须要相互补台、相互帮助、融为一体,要团结协作,团结一心,确保比赛顺利、流畅地进行 课程内容学习目标:初步了解篮球竞赛规则与三人制裁判法

课程部分	时间	课程内容	
		课程内容	思政元素融入点与融入方式
课程开始	5	1. 师生问好 2. 点名 3. 宣布本次课任务与要求	1. 课前准备 师生提前进入教室，做好课前准备，师生精神饱满、朝气蓬勃、积极向上 2. 师生问好 尊严神圣、站姿规范、声音洪亮、体现尊师重教的精神风貌 3. 学习导读 (1)介绍学习内容 (2)本次课思政元素关键词：钻研、刻苦、团结、认真等 4. 思政元素融入方式： (1)班级干部带头作用 (2)党员先锋模范作用 (3)教师榜样引领作用
授课部分	35	《篮球竞赛规则》 1. 比赛 2. 球场和器材 (1)球场　(2)器材 3. 球队 (1)球队　(2)队员：受伤 (3)队长：职责和权利 (4)教练员：职责和权利 4. 比赛通则 (1)比赛时间、比分相等和决胜期 (2)比赛或节的开始和结束 (3)球的状态 (4)队员和裁判员的位置 (5)跳球和交替拥有 (6)如何打球 (7)控制球 (8)队员正在做投篮动作 (9)球中篮和它的得分值 (10)掷球入界 (11)要登记的暂停 (12)替换 (13)比赛因弃权告负 (14)比赛因缺少队员告负	思政元素融入点： 1. 中国篮球裁判员小故事——执裁奥运史上第一场篮球比赛的中国国际裁判员 舒鸿(1895—1964)浙江慈溪人，著名体育教育家，执裁奥运史上第一场篮球决赛的中国国际级裁判员。舒鸿中学毕业后就读于上海圣约翰大学，1919年，在美国春田学院攻读体育专业，复攻读卫生学，获硕士学位，并对篮球规则谙熟于心。1925年，舒鸿回到中国上海，先后在之江大学、东南大学、持志大学及浙江大学等执教。为培养中国篮球裁判员，他参与创建了中国第一个裁判员组织——"中华运动裁判会"。1927—1928年，担任会长

| 5. 违例
(15)违例
(16)队员出界和球出界
(17)运球
(18)带球走阶
(19)3 秒钟
(20) 被严密防守的队员 28.8 秒钟
(21)24 秒钟
(22)球回后场
(23)干涉得分和干扰
6.犯规
(1)犯规
(2)接触:一般原则
(3)侵人犯规
(4)双方犯规
(5)违反体育道德的犯规
(6)取消比赛资格的犯规
(7)技术犯规
(8)打架
7.一般规定
(9)队员 5 次犯规
(10)全队犯规:处罚
(11)特殊情况
(12)罚球
(13)可纠正的失误
8.裁判员、记录台人员和技术代表:职责和权利
(14)裁判员、记录台人员和技术代表
(15)主裁判员:职责和权利
(16)裁判员:职责和权利
(17)记录台和助理记录员:职责
(18)计时员:职责
(19)24 秒钟计时员:职责

《篮球三人制裁判法》
引言
(1)重要术语
(2)基本原则 | 2.新中国第一批国际级裁判员名单及他们的故事
1978 年,国际业余篮球联合会批准新中国成立后第一批国际级裁判员 9 人。其中,郭玉佩、孙尧冠、吴惠良、田国庭、张雨生、罗景荣、高才兴 7 人在布加勒斯特参加理论和临场执裁培训,获批国际级裁判员称号;林永禄、周兴国 2 人因故未能赴布加勒斯特参加培训,同时获批国际裁判员称号。1979 年,国际篮球联合会批准中国篮球协会申报,王长安、韩茂富 2 人获批国际级裁判员称号
3.篮球裁判员的品质元素的挖掘
裁判是球场上的"执法者"他必须以规则为准绳,对每一个队员的动作加以判断并作出公正的宣判。实践证明,裁判员水平的高低,直接关系到比赛的顺利进行和篮球运动员竞技水平的提高,这对裁判员提出了很高的要求,每名裁判员均应该努力使自己成为公正、准确、严明并为运动员所信任的优秀裁判。一名优秀的裁判员必须具有良好的思想素质,业务素质、身体素质和良好的心理素质。第一,裁判员必须有良好的思想素质,作风正派,热爱篮球运动,具有为事业献身的精神。第二,裁判员要具有良好形象,按规定着装,在场上的跑位、移动,向记录台报告都要到位、稳健有气势。第三,要有职业素养,有良好的执裁水平和驾驭比赛的能力。第四,裁判员要在赛场上秉公执法,不徇私情,正直无私。第五,要相互配合,不推脱,敢于担当,临危不乱
思政元素融入启示:
1.榜样激励。通过国际级裁判员舒鸿的榜样故事, 激发学生们对 |

		2. 比赛开始 (1)赛前和半时间准备活动的观察 (2)通常的地面位置 (3)跳球开始比赛 3. 裁判员们的占位和场地覆盖范围 (1)基本的场地覆盖范围 (2)基本的覆盖范围 (3)裁判员工作区域 (4)球在前场时的基本分工区域 (5)轮转原则 4. 掷球入界情况 (1)掷球入界的覆盖范围 (2)从端线掷球入界球向前场行进时 (3)从边线掷球入界球向前场行进或留在前场时 (4)从端线掷球入界球留在前场时 5. 投篮情况 (1)投篮和篮板球的覆盖范围 (2)对界外范围和导致掷球入界的责任 6. 手势和程序 (1)宣犯规时的程序 (2)宣判犯规后转换位置 (3)罚球情况 (4)暂停和替换 (5)3分投篮的覆盖范围	篮球裁判事业的热爱及对篮球裁判员所应具备品质的思考与锤炼 2. 刻苦磨练。裁判员准确的判罚,除了有理论支撑外,还在于临场中积极的跑动和观察视角的合理,准确的判罚,需要场次积累及刻苦的磨练 3. 团结协作。裁判员在执裁过程中,对于一些确实没有看清或者瞬间把握不准无法作出判断的判罚,要及时寻求同伴的支援,决不能主观臆断,造成错判、漏判甚至反判,而此时同伴必须要给予支持与帮助,三名裁判员是一个团体,必须协同配合完成执裁任务 思政元素融入方式: 1.发挥教师榜样作用:教师用熟练、生动、准确、全面的授课讲解带动学生对学习篮球竞赛规则与裁判法的求知欲,使学生以教师为榜样,提高学习兴趣,更加喜爱并钻研篮球竞赛规则与裁判法,愿意成为一名篮球裁判员 2.启发同学踊跃回答问题:与学生互动,启发学生思考问题,认真参与课堂讨论 3.团体合作:教师出问题,学生以小组形式组成合作团体,先进行思考讨论,然后进行小组间的竞答
课程结束	5	1. 课堂小结 2.布置课后复习内容 3.宣布下课	思政元素融入点: 提示: (1)随机抽查课上学习内容 (2)学习回顾(勤于思考、积极发言,踊跃参与) 思政元素融入方式: 教师小结(回顾学习重点;提出课后复习要求;对本次课融入的思政元素进行总结)

课后作业	理论作业: (1)撰写本次课程学习体会 (2)以"你尊敬的篮球裁判员"为题,写一下他的事迹及你为什么尊敬他的原因 (3)请绘图并说明三人裁判制裁判员的区域分工
教师课后小节	
学生学习效果反馈	

第二节　课程思政融入篮球实践课教学的案例设计

　　本节将通过对《双手胸前传接球技术》《原地单手肩上投篮技术》《行进间低手投篮技术》《原地持球交叉步突破技术》《防守脚步移动—滑步技术》《抢篮球板技术》《进攻战术基础配合》《半场人盯人防守与进攻半场人盯人防守》等实践课授课内容的案例设计,共同探讨课程思政融入篮球理论课教学的具体操作办法。

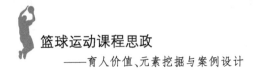

一、《双手胸前传接球技术》实践课教学案例设计

《双手胸前传接球技术》教学案例设计			
课程任务	学习双手胸前传接球技术		
课程目标	**课程思政育人目标:** **集体主义**——篮球运动是集体项目,培养学生团结友爱、互帮互助、相互合作的集体主义精神 **刻苦训练**——练就过硬的传接球技术,必须经过刻苦训练,练就真本领 **精益求精**——高质量地完成传接球技术,必须要千锤百炼,在掌握规范动作同时,做到"人到球位",提高完成动作精准性 **课程内容学习目标:**初步掌握篮球原地双手胸前传接球技术		
课程部分	准备部分	时间	10
课程内容		课程组织	
学习内容	思政元素融入点	组织教法	思政元素融入方式
1.开始部分 (1)集合、师生问好 (2)宣布本次课任务与要求 (3)安排见习生 2.准备活动 (1)一般准备活动 (2)专项准备活动	1.课前准备 物品摆放整洁 器材准备充分 师生精神饱满、朝气蓬勃、积极向上 2.师生问好 尊严神圣、站姿规范、声音洪亮、体现尊师重教的精神风貌 3.学习导读 (1)介绍学习内容 (2)本次课思政元素关键词:**团结、互助、集体、协同、配合**等	组织: 要求: (1)精神饱满,态度端正 (2)积极主动,学习刻苦 (3)勤于思考,精益求精	准备部分思政元素融入方式: 1.班级干部带头作用 2.党员先锋模范作用 3.教师榜样引领作用

课程部分	基本部分	时间	30
课程内容		课程组织	
学习内容	思政元素融入点	组织教法	思政元素融入方式

<table>
<tr><td>

新授课学习内容
学习双手胸前传接球技术
教学任务:使学生掌握双手持球手法,接球手法及初步学会双手胸前传接球动作
教学步骤:
1. 教师讲解
(1)**用途:**是比赛中运用最多的一种传球动作,是队员相互联系和实现战术配合的具体手段之一

(2)**持球方法:**双手持球的方法是双手自然张开,拇指相对成"八"形,用指根以上部位握住球的两侧后下方,手心空出,两臂弯曲,肘关节下垂,持球于胸前

持球手势

持球手势

(3)**动作方法:**
①**传球:**双手持球于胸腹之间,身体按基本姿势站立,传球时,双脚着地,

</td><td>

1. 教师讲解动作要领过程中的思政元素融入点:
提示:篮球运动是集体项目,要靠团队配合赢得胜利。传接球技术是团队配合的基础,是球队场上5名队员之间联系的枢纽,成功的进攻,离不开队员成功的助攻,因此,当我们为球员投篮得分而欢呼时,千万不要忘记为投篮创造机会的传球队员,正是他们默默奉献,不贪功,把最好的机会留给同伴,用准确、及时、高效的传球为球员赢得胜利。为此,希望大家练就过硬的传球本领,为同伴创造机会,为全队赢得胜利。
2. 教师动作示范过程中的思政元素融入点:
提示:
(1)教师整体与分解动作示范
示范要求:必须准确、规范、动作到位。强调要注意细节,精益求精,提高

</td><td>

1. 双手胸前传接球徒手模仿练习
目的:体会传接球动作
方法:二列横队,根据教师信号作模仿练习
组织:

要求:
(1)从正确的模仿持球动作开始
(2)仔细体会正确的传接球手型与动作

2. 双手胸前传球练习
目的:掌握双手胸前传球动作方法
方法:两人一球,相距3米,作传接球练习
组织:

易犯错误和纠正方法:
(1)传球时手腕翻转不够
纠正方法:要求传球时拇指下压

</td><td>

教师讲解示范环节思政元素融入方式:
发挥教师榜样作用。做到教师完成示范动作质量高、标准、规范;教师讲解具体、生动,用教师的语言与动作,带动学习的求知欲,使学生以教师为榜样,刻苦训练、高质量地掌握并完成学习动作

学生练习环节思政元素融入方式:
(1)**同学之间互助。**传接球队员之间相关帮助,观察同伴的技术动作,进行相互指导、交流
(2)**教师语言鼓励与个别指导。**教师针对学生的技术动作进行个别辅导与指导,以鼓励、激励的方式,提高学生的练习积极性,尽快掌握正确动作
(3)**团体合作。**练习过程中,教师提要求,运用团队传接球练习的方式,发挥团作、协同配合的优势,在大家共同努力下,提高完成动作质量,

</td></tr>
</table>

第四章　课程思政融入篮球课程教学的案例设计

115

同时双手持球先做一个由下而后向前的弧线转动,当球转动到胸前位置时,迅速向传球方向伸臂,同时拇指下压,手腕翻转,最后通过拇指,食指和中指用力拨球将球传出。出球后,手心和拇指向下,其余四指向传球方向。身体重心随球前移,上下肢协调配合  ②接球:接球时,眼睛注视球,同时双臂伸出迎球,手指自然分开两拇指成"八"字形,其他手指向上呈"漏斗"形。当手指接触球时,顺势收臂后引,屈肘缓冲来球的力量,双手持球于胸前,恢复基本姿势 (4)动作要领: ①传球:手腕由内向外翻转拇指下压,食、中二指有力拨球	完成动作的质量 (2)思政元素融入启示 精益求精。若想熟练规范地完善技术动作,必须掌握正确的动作方法。要认真学习、认真体会,养成勤于思考、善于动脑的习惯;刻苦训练。若想高质量地完成动作,必须要加强练习,熟能生巧。学习任何一项技术,没有捷径可走,必须刻苦练习 3.学生练习过程中的思政元素融入点: 提示: (1)学生分解动作示范 练习要求:动作规范、传接球到位、减少失误 (2)思政元素融入启示 第一,团结合作。使学生始终认识到两名传接球队员是一个整体,流畅的传接球是两个人共同努力的结果,要团结一致、相互补台,不能彼此埋怨,只有好的协同配合,才能完成高质量的传接球技术 第二,精益求精。使学生认识到,若想传接球不失误,	(2)传球时食指、中指拨球不够 纠正方法:一人扶住球,一人做传球动作,练习拨球 持球姿势 (3)传球时两肘外张 纠正方法:可让学生靠墙站立做传球模仿动作,限制其肘外张。也可让一人站在传球者的身后,两臂前平举,限制出传球者两臂外张 要求: (1)严格按动作要求练习 (2)动作连贯、协调 3.5人一组传接球 方法:完成100次传接球 要求:不准失误,失误重来,大家相互协助,共同配合 教法: 1.讲解法 2.示范法 3.分解法 4.完整法	减少失误,达到练习要求

②**接球**:双手伸出迎球。手指尖触球后立即后引于胸腹间,恢复基本姿势 (5)**动作重点和难点**: **重点**:传接球时手指手腕用力拨球和翻转。 **难点**:传接球的准确程度,需要经过一段时间的练习 2. **教师示范** (1)突出持球的正确手法和持球的基本姿势 (2)突出接球的手型及触球的缓冲动作 (3)突出双手胸前传球的手腕翻转和手指拨球动作 3. **学生练习** 4. **练习重复次数** 每人传接球 200 次 **复习课练习内容** **(略)**	必须要靠两个人精益求精的配合与不断地练习与提高,在掌握传接球动作要领的基础上,必须靠反复地练习,达到熟能生巧、配合默契		

续表

课程部分	结束部分	时间	5
课程内容		课程组织	
学习内容	思政元素融入点	组织教法	思政元素融入方式
1. 整队、整理活动 2. 收拾器械 3. 课堂小结 4. 布置课后复习内容 5. 宣布下课	**结束部分思政元素融入点:** **提示:** (1) 集合整队(精神风貌,快静齐) (2) 收拾器械(爱护器材,积极参与) (3) 随机抽查同学完成"原地双手胸前传接球"技术达标与技评情况 (4) 学习回顾(勤于思考、积极发言,踊跃参与)	**组织:** （篮球场示意图） **要求:** (1) 积极放松 (2) 回顾课上学习内容 (3) 总结	**结束部分思政元素融入方式:** 教师小结(回顾学习重点;提出课后练习要求;对传接球技术的融入的思政元素进行总结)
课后作业	**1. 技术作业:** 结合互助小组,5 个人一组进行课后练习,相互进行技术指导,每人在罚球线进行原地单手肩上投篮,投中 50 次,同学之间相互技评、交流 **2. 理论作业:** (1) 原地单手肩上投篮动作要领 (2) 你认为原地单手肩上投篮技术可以培养学生的什么品质?应如何加强练习 (3) 搜集一个你了解的关于"篮球明星"练习投篮技术的小故事(视频、文本均可)		
教师 课后小节			
学生学习效果反馈			

二、《原地单手肩上投篮技术》实践课教学案例设计

《原地单手肩上投篮技术》教学案例设计	
课程任务	学习原地单手肩上投篮技术
课程目标	**课程思政育人目标：** **刻苦训练**——提高投篮命中率没有捷径可以走，只有在掌握规范技术的基础上，经过刻苦的训练，才能不断提投篮命中率 **勤学善思**——投篮技术动作需要各关节协调用力，发力顺序不同，用力点不同，必须认真听教师的讲解与仔细看教师的示范动作，思考动作要领，融会贯通后，在练习中提高 **精益求精**——提高命中率，必须从量变到质变，反复体会动作，形成动力定型，并掌握在对抗中应用的能力，精益求精，在比赛高强度的对抗中，提高投篮命中率 **课程内容学习目标：**初步掌握原地单手肩上投篮技术

课程部分	准备部分	时间	10

课程内容		课程组织	
学习内容	**思政元素融入点**	**组织教法**	**思政元素融入方式**
1. **开始部分** (1)集合、师生问好 (2)宣布本次课任务与要求 (3)安排见习生 2. **准备活动** (1)一般准备活动 (2)专项准备活动	1. **课前准备** 物品摆放整洁 器材准备充分 师生精神饱满、朝气蓬勃、积极向上 2. **师生问好** 尊严神圣、站姿规范、声音洪亮、体现尊师重教的精神风貌 3. **学习导读** (1)介绍学习内容、 (2)本次课思政元素关键词：**刻苦、勤学、思考、磨炼**	组织： 要求： (1)精神饱满，态度端正 (2)积极主动，学习刻苦 (3)勤于思考，精益求精	**准备部分思政元素融入方式：** 1. 班级干部带头作用 2. 党员先锋模范作用 3. 教师榜样引领作用

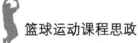
课程部分	基本部分	时间	30
课程内容		课程组织	
学习内容	思政元素融入点	组织教法	思政元素融入方式
新授课学习内容 学习原地单手肩上投篮技术 **教学任务：**通过教师的示范讲解，建立正确的动作概念，初步掌握单手肩上投篮的手法 **教学步骤：** **1. 教师讲解** **(1)用途：**它是比赛中应用比较广泛的投篮方法，是行进间单手高手投篮、跳起单手肩上投篮等技术动作的基础。它具有出手点高，便于结合和转换其他进攻技术动作，在不同的距离和位置上均可以应用 **(2)持球方法：**右手后屈持球于肩上，左手扶球的左侧，右臂屈肘，对准球篮，上臂与地面平行，前臂与地面接近垂直，两腿微屈，右脚在前，重心落在两脚上。投篮时，右臂随同下肢和躯干的蹬、伸、抬肘向前上方充分伸直，并用手腕前扣、手指拨球使球从食指和中指指端飞出	**1.教师讲解动作要领过程中的思政元素融入点：** **提示：**原地单手肩上投篮是篮球场上最基础、最常用的技术，掌握该技术至关重要，必须要在掌握正确技术要领的同时，加强练习，练就神投手的能力和本领 **思政元素融入的小故事：**科比在NBA比赛中保持高水平的命中率，与刻苦训练密不可分 **2.教师动作示范过程中的思政元素融入点：** **提示：** **(1)教师整体与分解动作示范** **示范要求：**完成动作衔接流畅，动作规范、命中率高。强调要注意投篮动作的用力点、瞄篮点，抬肘、手臂向前上方伸直、手腕前屈、食指中指用力拨球等。反复示范，形成正确动作的动力定型	**1. 持球基本姿势练习** **目的：**仔细体会正确的投篮持球动作 **方法：**学生成体操队形，手持一球，按教师"准备——开始"的口令，学生做持球姿势练习 **组织：** 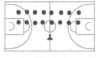 **要求：**持球与基本姿势正确 **2. 投篮手法练习** **目的：**仔细体会正确的投篮用力动作 **方法：**(1)学生在完成持球基本姿势的基础上，按教师"准备——投"的口令，同时对空投篮(2)学生每两人一球，相距4—5米，面对站立，相互进行投篮练习 **组织：**同上 **要求：**持球姿势正确，体验手腕动作与食中指拨球动作	**教师讲解示范环节思政元素融入方式：****发挥教师榜样作用。**做到教师完成原地单手肩上投篮示范动作质量高、标准、规范、投篮命中率高；教师讲解具体、生动。用教师的语言与动作，带动学习的求知欲，使学生以教师为榜样，刻苦训练、高质量地掌握并完成学习动作，提高投篮命中率 **学生练习环节思政元素融入方式：** **(1)同学之间相互辅导帮助。**分几个小组在不同的篮下练习，篮下队员之间相互帮助，观察同伴原地单手肩上投篮动作，针对完成动作错误、存在问题等，进而相互指导、交流、纠错等 **(2)教师语言鼓励与个别指导**教师针对学生的技术动作进行个别辅导与指导，找出影响投篮动作完成质量的症结所在，以鼓励、

(3) 动作方法：
①投篮时抬肘，向前上方伸臂、压腕、拨球，使球从食指和中指指端飞出
②全身动作协调，用力一致
(4) 动作重点和难点：
重点：两腿微屈，出手拨球动作正确
难点：注意球的弧度，不宜过低
2. 教师示范
3. 学生练习
4. 练习重复次数：30 次/人

复习课练习内容 (略)

(2) 思政元素融入启示：
第一，勤学善思。
若想熟练规范地完成投篮技术，必须掌握正确的投篮技术动作要领。认真观察教师完成的动作，在头脑中形成影像，反复念动体会，养成勤学善思的习惯与能力
第二，刻苦训练。
若想高质量地完成原地单手肩上投篮动作，必须要加强练习，形成正确规范的投篮技术定型。只有刻苦训练，才能在提高投篮命中率及完成投篮球动作的质量
3. 学生练习过程中的思政元素融入点：
提示：
(1) 学生分解动作示范
练习要求：动作规范、仔细体会持球、瞄篮点及投篮球动作的用力过程、克服易犯错误
(2) 思政启示
第一，刻苦训练。使学生充分认识到高质量的原地单手肩上投篮球动作的形成，必须靠反复练习，才能提高投篮命中率
第二，准确标准。动作不规范，就会

3. 原地单手肩上投篮练习
目的：体会投篮的出手角度、弧度、瞄篮点及投篮动作
方法：在正对篮 3 米左右的位置进行练习
组织：

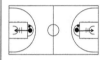

要求：动作规范，全身协调用力

易犯错误和纠正方法：
(1) 持球时肘关节外展，出球时成推球动作纠正方法：
强调前臂与地面垂直，教师可站在学生持球臂一侧，帮助调整肘关节位置
(2) 投篮弧度低纠正方法：
强调投篮时要抬肘向上伸臂
(3) 投篮手法错误纠正方法：
可反复做徒手投篮模仿练习，体会手腕前扣和中、食指拨球动作
教法：
1. 讲解法
2. 示范法
3. 分解法
4. 完整法

激励的方式，提高学生的练习积极性，尽快掌握正确动作，提高投篮命中率
(3) 骨干带头。技术较好的同时，主动与尚未掌握技术的同学，形成一对一小组，发挥引领与示范作用

续表

学习内容	思政元素融入点	组织教法	思政元素融入方式
影响投篮命中率,必须要学习和掌握规范、正确的投篮技术,课上端正学习态度,认真学习,仔细体会			

课程部分	结束部分	时间	5
课程内容		**课程组织**	

学习内容	思政元素融入点	组织教法	思政元素融入方式
1. 整队、整理活动 2. 收拾器械 3. 课堂小结 4. 布置课后复习内容 5. 宣布下课	**结束部分思政元素融入点:** 提示: (1) 集合整队(精神风貌,快静齐) (2) 收拾器械(爱护器材,积极参与) (3) 随机抽查同学完成"原地单手肩上投篮"技术达标与技评情况 (4) 学习回顾(勤于思考、积极发言,踊跃参与)	组织: 要求: (1) 积极放松 (2) 回顾课上学习内容 (3) 总结	**结束部分思政元素融入方式:** 教师小结(回顾学习重点;提出课后练习要求;对原地单手肩上投篮技术的融入的思政元素进行总结)
课后作业	1. **技术作业:** 结合互助小组,5 个人一组进行课后练习,相互进行技术指导,每人在罚球线进行原地单手肩上投篮练习,投中 50 次,同学之间相互技评、交流 2. **理论作业:** (1) 原地单手肩上投篮动作要领 (2) 你认为原地单手肩上投篮技术可以培养学生的什么品质? 应如何加强练习 (3) 搜集一个你了解的关于"篮球明星"练习投篮技术的小故事(视频、文本均可)		
教师 课后小节			
学生学习效果反馈			

三、《行进间低手投篮技术》实践课教学案例设计

<table>
<tr><td colspan="4" align="center">《行进间低手投篮技术》教学案例设计</td></tr>
<tr><td>课程任务</td><td colspan="3">学习行进间低手投篮技术</td></tr>
<tr><td rowspan="2">课程目标</td><td colspan="3">课程思政育人目标：
刻苦训练——提高投篮命中率没有捷径可走，必须经过反复练习，千锤百炼，只有刻苦训练，才能练就真本领
勤学善思——课上认真听教师讲解动作要领并观看示范动作，了解技术动作的关键环节，避免易犯错误，掌握正确动作要领
精益求精——提高行进间低手投篮命中率，必须反复练习，精益求精，形成正确的动力定型。在不断提高在攻守对抗中完成行进间低手投篮技术的能力，提高动作运用的自如性，提高投篮命中率</td></tr>
<tr><td colspan="3">课程内容学习目标：初步掌握行进间低手投篮技术</td></tr>
<tr><td align="center">课程部分</td><td align="center">准备部分</td><td align="center">时间</td><td align="center">10</td></tr>
<tr><td colspan="2" align="center">课程内容</td><td colspan="2" align="center">课程组织</td></tr>
<tr><td align="center">学习内容</td><td align="center">思政元素融入点</td><td align="center">组织教法</td><td align="center">思政元素融入方式</td></tr>
<tr><td>1. 开始部分
(1) 集合、师生问好
(2) 宣布本次课任务与要求
(3) 安排见习生
2. 准备活动
(1) 一般准备活动
(2) 专项准备活动</td><td>1. 课前准备
物品摆放整洁
器材准备充分
师生精神饱满、朝气蓬勃、积极向上
2. 师生问好
尊严神圣、站姿规范、声音洪亮、体现尊师重教的精神风貌
3. 学习导读
(1) 介绍学习内容、
(2) 本次课思政元素关键词：刻苦、勤学、思考、磨炼</td><td>组织：

要求：
(1) 精神饱满，态度端正
(2) 积极主动，学习刻苦
(3) 勤于思考，精益求精</td><td>准备部分思政元素融入方式：
1. 班级干部带头作用
2. 党员先锋模范作用
3. 教师榜样引领作用</td></tr>
</table>

课程部分	基本部分	时间	30
课程内容		课程组织	
学习内容	思政元素融入点	组织教法	思政元素融入方式

学习内容	思政元素融入点	组织教法	思政元素融入方式
新授课学习内容 学习行进间低手投篮技术 **教学任务**：通过示范和讲解，建立正确规范的动作概念，初步掌握行进间低手投篮技术 **教学步骤**： **1.教师讲解** **(1)用途**：是进攻队员在快速移动中超越防守队员在篮下常用的一种投篮方式 **(2)动作方法** 以右手投篮为例。在跑动过程中跨右脚接球，跨左脚屈膝蹬地起跳，右腿屈膝上抬，双手持球上举，当身体接近最高点时，左手离球，右手五指分开，手心向上，托球下部，手臂继续向球篮上方伸展，并以手腕为轴，手指向上挑球，使球从食指、中指滚出 图 8-5	**1.教师讲解动作要领过程中的思政元素融入点：** **提示**：行进间低手投篮是篮球场上最基础、最常用的行进间投篮技术，该技术掌握至关重要，必须要在掌握正确行进间低手投篮技术要领的同时，加强练习，练就在攻守对抗情境下，稳定的行进间投篮技术与稳定的投篮命中率 **思政元素融入的小故事**：王郅治如何在篮下练就结合各种脚步动作的投篮技术 **2.教师动作示范过程中的思政元素融入点：** **提示**： **(1)教师整体与分解动作示范** **示范要求**：行进间投篮动作腿、脚、臂、手等用力顺序协调连贯，完成动作衔接流畅，动作规范、投篮命中率高。教师反复示范，讲解易犯错误，形成正确动作的动力定型	**1.单手持球反复练习"挑球"** **目的**：提高手及指尖对球的控制能力，掌握出手手法。 **方法**：(1)学生每人一球，反复做将球上举——提肘——手指上挑球——单手接球。(2)将学生分成两排面对面站立，相距2—3米，一排学生，每人手持一球，另一排学生双臂高举头上。持球学生将球柔和的投入举臂学生的手中。依次轮换练习。(3)行进间低手投篮脚步练习 **组织**： **要求**： (1)掌心向上托球，手臂充分伸展 (2)球离手时用食指、中指和无名指拨球使球前旋投出 **2.完整行进间单手投篮练习** **目的**：初步掌握行进间单手低手投篮的技术动作	**教师讲解示范环节思政元素融入方式：** **发挥教师榜样作用**。做到教师完成行进间低手投篮示范动作质量高、标准、规范、动作衔接流畅，投篮命中率高；教师讲解具体、生动。用教师的语言与动作，带动学生学习的求知欲，使学生以教师为榜样，刻苦训练、高质量地掌握并完成学习动作 **学生练习环节思政元素融入方式：** **(1)同学之间相互辅导帮助**。分几个小组在不同的篮下练习，篮下队员之间相互帮助，观察同伴行进间低手投篮动作，针对完成动作错误、存在问题等，进而相互指导、交流、纠错等 **(2)教师语言鼓励与个别指导**。教师针对学生的技术动作进行个别辅导与指导，找出影响行进间低手投篮动作

(3)动作要点 ①助跑、接球、起跳、举球动作连贯协调。 ②以腕关节为轴向上挑球,使球从指端滚出 **(4)动作重点和难点:** **重点:**脚下的动作和手臂上举的配合时机 **难点:**手指拨球的力量、速度、角度 **2.教师示范** **3.学生练习** **4.练习重复次数:**40次/人 **复习课练习内容(略)**	**(2)思政元素融入启示:** **第一,勤学善思。**若想熟练规范地完成行进间低手投篮技术,必须掌握正确的脚步动作和手上的投篮动作要领。认真观察教师完整的动作,在头脑中形成正确动作影像,反复念动体会,养成勤学善思的习惯与能力 **第二,刻苦训练。**反复练习,熟能生巧。形成正确规范的行进间低手投篮技术定型。只有刻苦训练,才能在攻守对抗的情况下提高行进间低手投篮动作完成的稳定性与命中率 **3.学生练习过程中的思政元素融入点:** 提示: **(1)学生分解动作示范** **练习要求:**动作规范、仔细体会"三步上篮"的脚步动作、瞄篮点及投篮手臂和手指拨球动作、克服易犯错误 **(2)思政元素融入启示** 第一,刻苦训练。使学生充分认识到高质量的完成行进间低手投篮动作,必须靠反复练习,才能提高投篮命中率	**方法:**将学生分成两组站三分线外做行进间单手低手投篮 **方法:**将学生分成两组站三分线外做行进间单手低手投篮 **组织:** **要求:**动作不宜太快,步伐清楚,起跳距离适宜,身体与手臂充分伸展,投篮手法正确 **易犯错误和纠正方法:** **(1)投篮出手时翻腕、捻球** **纠正方法:**使学生了解出手时始终保持手心向上,用屈腕和手指上挑力量投篮,并做原地举球、托球练习 **(2)投篮时,大臂由下向上撩球。错误原因是跨步接球后没有举球动作** **纠正方法:**做不对篮的自抛自接,起跳举球,将球挑起的模仿练习 **教法:** 1.讲解法 2.示范法 3.分解法 4.完整法	完成质量的症结所在,以鼓励、激励的方式,提高学生的练习积极性,尽快掌握正确动作,提高完成动作质量 **(3)骨干带头。**技术较好的同时,主动与尚未掌握技术的同学,形成一对一小组,发挥引领与示范作用

续表

	第二,准确标准。动作不规范,就会影响行进间投篮命中率或造成走步违例,因此,必须要学习和掌握规范、正确的技术动作要领,课上端正学习态度,认真学习,仔细体会		
课程部分	结束部分	时间	5
课程内容		课程组织	
学习内容	思政元素融入点	组织教法	思政元素融入方式
1. 整队、整理活动 2. 收拾器械 3. 课堂小结 4. 布置课后复习内容 5. 宣布下课	结束部分思政元素融入点: 提示: (1)集合整队(精神风貌,快静齐) (2)收拾器械(爱护器材,积极参与) (3)随机抽查同学完成"行进间低手投篮"技术达标与技评情况 (4)学习回顾(勤于思考、积极发言,踊跃参与)	组织: 要求: (1)积极放松 (2)回顾课上学习内容 (3)总结	结束部分思政育人融入方式: 教师小结(回顾学习重点;提出课后练习要求;对行进间低手投篮技术融入的思政元素进行总结)
课后作业	1、技术作业: 结合互助小组,5个人一组进行课后练习,相互进行技术指导,每人在篮球场右侧边线与中线交点处持球,进行右手行进间低手投篮练习,每人投中 30 次,同学之间相互技评、交流 2、理论作业: (1)行进间低手投篮动作要领 (2)你认为行进间低手投篮技术可以培养学生的什么品质?应如何加强练习		
教师课后小节			
学生学习效果反馈			

126

四、《原地持球交叉步突破技术》实践课教学案例设计

《原地持球交叉步突破技术》教学案例设计	
课程任务	学习原地持球交叉步突破技术
课程目标	**课程思政育人目标:** **克服困难**——持球交叉步突破是超过防守队员的一种有效的进攻方法。攻守对抗中,持球队员的目的是要运用突破技术超越对手,完成进攻,防守队员则采用积极灵活的脚步移动,阻止进攻队员突破。对于进攻队员而言,面前的防守队员就是需要克服的困难,只将将对面的防守队员突破成功,才能克服困难,完成有效的进攻 **顽强拼搏**——在攻守队员相互抗衡的情况下,谁具有迎难而上,不惧拼抢、勇敢拼搏的顽强精神,谁就会有更多的攻守机会,顽强拼搏是进攻队员突破对手最重要的能力 **刻苦训练**——持球交叉步突破技术需要脚步移动的稳定性,不能走步,同时需要身体的灵活性、协调性,及身体、手、脚、腿、眼等协调配合的能力,练就过硬的持球交叉步突破技术,没有捷径可走,必须依靠反复的练习,熟练掌握,在攻守对抗中才能灵活运用 **课程内容学习目标:**初步掌握原地持球交叉步突破技术

课程部分	准备部分	时间	10

课程内容		课程组织	
学习内容	思政元素融入点	组织教法	思政育人融入方式
1.开始部分 (1)集合、师生问好 (2)宣布本次课任务与要求 (3)安排见习生 **2.准备活动** (1)一般准备活动 (2)专项准备活动	**1.课前准备** 物品摆放整洁 器材准备充分 师生精神饱满、朝气蓬勃、积极向上 **2.师生问好** 尊严神圣、站姿规范、声音洪亮、体现尊师重教的精神风貌 **3.学习导读** (1)介绍学习内容、 (2)本次课思政元素关键词:**克服困难、刻苦、顽强**	**组织:** **要求:** (1)精神饱满,态度端正 (2)积极主动,学习刻苦 (3)勤于思考,精益求精	**准备部分思政元素融入方式:** 1. 班级干部带头作用 2. 党员先锋模范作用 3. 教师榜样引领作用

课程部分	基本部分	时间	30
课程内容		课程组织	
学习内容	思政元素融入点	组织教法	思政元素融入方式

学习内容	思政元素融入点	组织教法	思政元素融入方式
新授课学习内容 学习原地持球交叉步突破技术 **教学任务:**初步掌握原地持球交叉步突破技术动作 **教学步骤:** **1.教师讲解** **(1)用途:** 持球突破,是以运球和脚步动作为基础的快速超越对手的一项具有强烈攻击性的进攻技术。是完成个人攻击的主要手段,也是破坏和打乱防守的有效方法 **(2)动作方法:** 以右脚做中枢脚为例。准备姿势两脚左右开立,两膝微屈,持球于胸前并做瞄篮的"三威胁"姿势。突破时,左脚先向左跨出一小步,做出企图向左突破的假动作。而后,左脚前脚掌内侧用力蹬地,同时上体向左侧转,左肩下压,使身体重心向右前方移动。左脚向右侧前方跨出,将球引向右侧并运球,使球落于左脚侧前方。此时,	1.教师讲解动作要领过程中的思政元素融入点: 提示:持球交叉步突破技术是超越对手的有效进攻手段。学习该项技术,必须掌握正确的动作要领,动作衔接连贯,具有节奏感。该项技术的掌握,必须经过反复的练习,达到灵活运用,技术动作环节较多,课上一定认真听课,认真钻研,掌握正确的技术动作 **思政元素融入的小故事:**姚明如何练就篮下娴熟的突破组合技术 2.教师动作示范过程中的思政元素融入点: 提示: **(1)教师整体与分解动作示范** 示范要求:完成持球突破技术要动作规范、善于判断、灵活运用。积极与对手对抗,发现有利的突破时机,果断完成突破及超越对手	**练习方法:** **1.原地蹬地、转、探、迈徒手练习** **目的:**使学生掌握突破第一步 **方法:**使学生掌握突破第一步,并根据教师的信号向左、右侧做蹬、转、探、迈徒手练习 **组织:**  **要求:**动作连贯协调 **2.转、探、拍练习** **目的:**使学生掌握突破第一步及推拍球的部位 **方法:**学生成两列体操队形站立。每人一球呈持球基本姿势。练习时根据教师信号做蹬、转、探、拍的练习 **组织:**同上 **要求:** (1)左、右两侧都做 (2)球的落点应是跨出脚的侧前方 **3.完整动作练习** **目的:**使学生掌握持球交叉步突破的完整动作	**教师讲解示范环节思政元素融入方式:** **发挥教师榜样作用。**做到教师完成原地持球突破示范动作质量高、标准、规范;教师讲解具体、生动。用教师的语言与动作,带动学习的求知欲,增加对学习原地持球交叉步突破技术的喜爱,使学生以教师为榜样,刻苦训练、高质量地掌握并完成学习动作,提高持球突破进攻的成功率 **学生练习环节思政育人融入方式:** **(1)同学之间相互辅导帮助。**两人一组进行攻守练习,进攻队员练习持球突破技术后,防守队员逐渐增加防守强度,队员相互之间针对完成动作错误、存在问题等,进行交流、纠错等 **(2)教师语言鼓励与个别指导。**教师针对学生在原地持球交叉步突破练习中存在的问题进行

中枢脚蹬地上步，继续运球前进，超越对手

（3）**动作要领**
蹬胯、转体探肩、推放球、加速

（4）**动作重点和难点**
重点：重心不要过高
难点：侧肩加速，动作连贯协调

2. **教师示范**

3. **学生练习**

4. **练习重复次数**：
50次/人

复习课练习内容（略）

（2）**思政元素融入启示**：
第一，克服困难。
完成进攻持球交叉步突破技术，必须有信心、有信念，对手在面前防守，必须要树立信心，克服困难，突破对手，赢得胜利

第二，刻苦训练。
若想高质量地完成持球突破技术，必须要加强练习，形成正确规范技术动作。只有刻苦训练，才能提高完成突破技术的成功率

第三，顽强拼搏。
要敢于对抗，善于对抗，在防守队员面前不畏惧、不逃脱，运用娴熟的技术和身体与球员的巧妙配合，突破对手，完成后续进攻

3. **学生练习过程中的思政元素融入点**
提示：
（1）**学生分解动作示范**
练习要求：动作规范、仔细体会持球突破技术、避免易犯错误
（2）**思政元素融入启示**：
第一，刻苦训练。使学生充分认识到高质量的持球突破技术，必须靠反复

方法：学生站成几路纵队，前排学生每人一球，根据教师信号做蹬、转、探、拍、运球前进二、三步停球、再向另一侧做突破动作

组织：

要求：
（1）蹬、转、探、拍、蹬各环节连贯协调。（2）做轴脚不要移动。（3）拍球部位用力方向要正确

易犯错误和纠正方法：
（1）**第一步跨步太小，不能摆脱防守**
纠正方法：在地上划出 1—1.2 米的标志。要求学生练习时第一步要踏到标记线上
（2）**突破时没有转探，并绕开防守者运球**
纠正方法：练习时让学生从两个相距半米的人中间突破，迫使学生在突破时转体、侧肩，并贴近防守人过去
（3）**突破时重心过高**
纠正方法：教师站在突破者前一米。手臂侧平举。令学

个别辅导与指导，找出影响完成动作质量的症结所在，以鼓励、激励的方式，提高学生的练习积极性，尽快掌握正确动作，提高突破成功率

（3）**骨干带头。**班级骨干，主动进行技术示范，两名同学之间进攻攻守对抗，演练突破技术。引导同学们要具有刻苦、拼搏、积极进取的精神，增加训练热情及营造训练氛围

练习,才能在防守队员紧密防守的情况下,提高进攻的成功率 第二,对抗拼抢。在攻守对抗的情况下,进攻防守要敢于作动作、敢于突破,利用身体、脚步等动作抢占有利位置,攻守对抗中不畏对手,拼搏争先	生从教师手臂下通过 **(4)中枢脚移动** **纠正方法:**每次练习教师都应指出学生是否走步,帮助学生形成正确的动力定型。 **教法:** 1.讲解法 2.示范法 3.分解法 4.完整法		

课程部分	结束部分	时间	5
课程内容		**课程组织**	
学习内容	**思政元素融入点**	**组织教法**	**思政元素融入方式**
1.整队、整理活动 2.收拾器械 3. 课堂小结 4. 布置课后复习内容 5.宣布下课	**结束部分思政元素融入点:** **提示:** (1) 集合整理(精神风貌,快静齐) (2) 收拾器械(爱护器材,积极参与) (3) 随机抽查同学完成"原地双手胸前传接球"技术达标与技评情况 (4) 学习回顾(勤于思考、积极发言,踊跃参与)	**组织:** **要求:** (1)积极放松 (2)回顾课上学习内容 (3)总结	**结束部分思政元素融入方式:** 教师小结(回顾学习重点;提出课后练习要求;对传接球技术的融入的思政元素进行总结)
课后作业	**1.技术作业:** 结成互助小组,2个人一组进行课后攻守练习,进攻队员持球突破,防守队员逐步增加防守强度,相互进行技术指导,同学之间相互技评、交流 **2.理论作业:** (1)原地持球交叉步突破技术动作要领 (2)你认为持球突破技术可以培养学生的什么品质?应如何加强练习 (3)搜集一个你了解的关于篮球场上"突破王"的小故事(视频、文本均可)		

教师 课后小节	
学生学习效果反馈	

五、《防守脚步移动——滑步技术》实践课教学案例设计

《防守脚步移动——滑步技术》教学案例设计	
课程任务	学习防守脚步移动——滑步技术
课程目标	**课程思政育人目标：** **积极主动**——针对进攻队员动作,采取积极的脚步移动技术,严防死守,全力以赴,防住自己负责的进攻对手,破坏其进攻节奏,阻止其完成进攻动作 **拼搏进取**——防守滑步练习枯燥,训练过程很累,也很单调,但好的防守是阻止对手得分与获胜的最重要的途径,为此,必须培养学生拼搏进取,高质量地完成每一次防守。只有从自身做起,高效地完成每一次防守,才能为球队最终的胜利奠定基础 **刻苦训练**——练习滑步技术没有捷径可以走,只有在掌握规范技术的基础上,经过刻苦的训练,才能不断提高防守对手的成功率 **坚守奉献**——防守成功不能像投篮得分那样耀眼,受到观众的喝彩与赞美,但成功的防守是夺取胜利最关键的环节。为此,练习过硬的防守技术,必须要有默默无闻,脚踏实地的训练态度,经过枯燥且反复地练习,练就快速灵活的防守移动技术,为球队胜利守好防守阵营,要求球员要有坚守奉献的精神 **课程内容学习目标：**初步掌握防守脚步移动——滑步技术

课程部分	准备部分	时间	10
课程内容		课程组织	
学习内容	思政元素融入点	组织教法	思政元素融入方式
1.开始部分 (1)集合、师生问好 (2)宣布本次课任务与要求 (3)安排见习生 **2.准备活动** (1)一般准备活动 (2)专项准备活动	**1.课前准备** 物品摆放整洁 器材准备充分 师生精神饱满、朝气蓬勃、积极向上 **2.师生问好** 尊严神圣、站姿规范、声音洪亮、体现尊师重教的精神风貌 **3.学习导读** (1)介绍学习内容、 (2)本次课思政元素关键词:**拼搏、刻苦、奉献**	**组织:** **要求:** (1)精神饱满,态度端正 (2)积极主动,学习刻苦 (3)勤于思考,精益求精	**准备部分思政元素融入方式:** 1.班级干部带头作用 2.党员先锋模范作用 3.教师榜样引领作用

课程部分	基本部分	时间	30
课程内容		课程组织	
学习内容	思政元素融入点	组织教法	思政元素融入方式
新授课学习内容 **学习防守脚步移动——滑步技术** **教学任务:**通过教师的示范讲解,建立正确的动作概念,初步掌握滑防移动技术 **教学步骤:** **1.教师讲解** (1)用途:是防守移动的主要动作之一。可用于抢占和堵截进攻队员的路线或位置	**1.教师讲解动作要领过程中的思政元素融入点:** 提示:"篮球比赛中,得分靠进攻,赢球靠防守。"防守脚步移动在篮球技术应用中处于重要地位。防守队员虽然不像得分队员那样可以赢得观众的掌声,但正是因为防守队员积极、顽强、努力的拼抢,才使对手降低得分,最终赢得比赛胜利	**练习方法:** **1.滑步的基本姿势练习** 依据教师的示范,学生原地小范围内体会横滑步和前后滑步的动作方法。注意跨步-蹬地-滑动三者的协调配合 **2.横向、前后滑步练习** 四列体操队形。拉开间距,根据教师口令和手势反复做横向和前后滑步的练习	**教师讲解示范环节思政元素融入方式:** **发挥教师榜样作用。**做到教师完成防守脚步移动示范动作质量高、标准、规范;教师讲解具体、生动。用教师的语言与动作,带动学习的求知欲,增加对学习滑步技术的热爱,使学生以教师为榜样,刻苦训练、高质量地掌握并完成学习动

（2）**动作方法**：保持两腿弯曲，两脚前后或左右开立的基本姿势。滑步时，用移动方向的异侧脚前掌内侧蹬地，同时另一脚向移动方向迈出一步（脚跟先着地再过渡到前脚掌），在落地同时蹬地脚也随之滑动并立即再蹬地，从而形成连续动作

（3）**动作要领**：
①用移动方向的异侧脚前掌内侧蹬地，同时另一脚向移动方向迈出一步
②脚跟先着地再过渡到前脚掌着地
③保持两腿弯曲，重心在两脚之间
（4）**动作重点和难点**：
重点：向哪个方向移动哪只脚先迈出
难点：保持重心的同时向任意方向滑动
2.**教师示范**
3.**学生练习**
4.**练习重复次数**：30秒一组/4组

复习课练习内容（略）

防守队员默默无闻的努力与奉献，既是篮球运动员精神品质的体现，也是篮球运动团队精神的体现
2.**教师动作示范过程中的思政元素融入点**：
提示：
（1）**教师整体与分解动作示范**
示范要求：完成滑步动作身体重心低、移动规范、脚步灵活。强调身体不要上下起伏，降低重心，两脚不要并拢，快速移动，形成正确滑步动作的动力定型
（2）**思政启示**
第一，**积极主动**。防守滑步练习，必须积极主动，严守自己的防守对手，守土有责，守土尽责
第二，**刻苦训练**。若想高质量地防守滑步技术，必须要加强练习，形成正确规范的滑步技术。只有刻苦训练，才能防守对手，提高防守的成功率
第三，**坚守奉献**。滑步技术默默无闻，训练枯燥、艰苦，但"要赢球，靠防守"，球队中好的防守队员在关键时

组织：

要求：滑步时保持正确的基本姿势，不要因为怕累而提高重心，滑动时重心平稳

易犯错误和纠正方法：
（1）**滑步时重心上下起伏**
纠正方法：可做慢动作，体会脚蹬地的方向，可在头上放一适当高度的横杆，按此高度练习，不许碰杆
（2）**蹬地和迈出脚不是同时动，而是先蹬后迈或是先迈后蹬，致使滑步动作不协调不连贯**
纠正方法：可在原地作动作，让队员体会脚蹬地与迈出的时间

教法：
1.讲解法
2.示范法
3.分解法
4.完整法

作，提高防守成功率

学生练习环节思政元素融入方式：
（1）**同学之间相互辅导帮助**。两人一组进入攻守练习，进攻队员做各种进攻移动脚步，观察防守队员的滑步技术动作完成情况，针对完成动作错误、存在问题等，进而相互指导、交流、纠错等
（2）**教师语言鼓励与个别指导**。教师针对学生的滑步练习中存在的问题进行个别辅导与指导。找出影响滑步速度及稳步性的症结所在，以鼓励、激励的方式，提高学生的练习积极性，尽快掌握正确动作，提高防守成功率
（3）**骨干带头**。班级骨干，主动进行技术示范，请老师按时间及强度提要求，骨干同学进行示范，让学生体会练习滑步需要具有刻苦、拼搏、积极、进取的精神，增加训练热情及营造训练氛围

	刻可以起到限制对手优秀球员得分的作用,因此,平时训练中要有"甘于奉献、甘作绿叶",做一名优秀的防守队员,守住本队的防守阵营 3.学生练习过程中的思政元素融入点: 提示: (1)学生分解动作示范 练习要求:动作规范、仔细体会移动技术、避免易犯错误 (2)思政元素融入启示: 第一,刻苦训练。使学生充分认识到高质量的防守滑步动作,必须靠反复练习,才能提高防守的成功率 第二,准确标准。防守动作不规范,就会影响防守效果与防守成功率,因此,必须要学习和掌握规范、正确的滑步技术,课上端正学习态度,认真学习,仔细体会		

课程部分	准备部分	时间	5
课程内容		课程组织	
学习内容	思政元素融入点	组织教法	思政元素融入方式
1. 整队、整理活动 2. 收拾器械 3. 课堂小结 4. 布置课后复习内容 5. 宣布下课	结束部分思政元素融入点： 提示： (1) 集合整队（精神风貌，快静齐） (2) 收拾器械（爱护器材，积极参与） (3) 随机抽查同学完成"防守移动——滑步"技术达标与技评情况 (4) 学习回顾（勤于思考、积极发言，踊跃参与）	组织： 要求： (1) 积极放松 (2) 回顾课上学习内容 (3) 总结	结束部分思政育人融入方式： 教师小结（回顾学习重点；提出课后练习要求；对防守移动——滑步技术的融入的思政元素进行总结）
课后作业	1. **技术作业：** 结成互助小组，2 个人一组进行课后攻守练习，相互进行技术指导，同学之间相互技评、交流 2. **理论作业：** (1) 防守移动——滑步技术动作要领 (2) 你认为防守移动——滑步技术可以培养学生的什么品质？应如何加强练习 (3) 搜集一个你了解的关于"篮球明星"练习防守技术的小故事（视频、文本均可）		
教师 课后小节			
学生学习效果反馈			

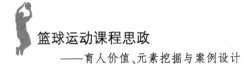

六、《抢篮球板技术》实践课教学案例设计

《抢篮板球技术》教学案例设计			
课程任务	学习抢防守篮板球技术		
课程目标	**课程思政育人目标:** **积极主动**——针对抢防守篮板的落点,防守队员积极主动移动,果断挡住防守队员,抢占位置优势。抢防守篮板球必须要有每球必抢、每球必争的态度 **顽强拼搏**——在攻守共十名队员都在拼抢篮板球的情况下,谁具有迎难而上,不惧拼抢,勇敢拼搏的顽强精神,谁就会有更多的抢到篮板的机会,顽强拼搏是在心理和行动上采取的积极行动 **勇于奉献**——抢篮板球技术不能像投篮得分那样耀眼,受到观众的喝彩与赞美,但成功的抢到防守篮板,可以阻止对手发动二次进攻,为本队赢得进攻机会。练好过硬的抢防守篮板球技术,必须要有默默无闻,脚踏实地的训练态度,经过枯燥且反复地练习,更好地判断球的落点,采取积极的"挡抢"方式,为球队胜利做好对方进攻的终结者,要求球员要有勇于奉献的精神		
	课程内容学习目标:初步掌握抢防守篮板球技术		
课程部分	准备部分	时间	10
课程内容		课程组织	
学习内容	**思政元素融入点**	**组织教法**	**思政元素融入方式**
1.开始部分 (1)集合、师生问好 (2)宣布本次课任务与要求 (3)安排见习生 **2.准备活动** (1)一般准备活动 (2)专项准备活动	**1.课前准备** 物品摆放整洁 器材准备充分 师生精神饱满、朝气蓬勃、积极向上 **2.师生问好** 尊严神圣、站姿规范、声音洪亮、体现尊师重教的精神风貌 **3.学习导读** (1)介绍学习内容、 (2)本次课思政元素关键词:**拼搏、刻苦、奉献**	组织: （篮球场示意图） **要求:** (1)精神饱满,态度端正 (2)积极主动,学习刻苦 (3)勤于思考,精益求精	**准备部分思政元素融入方式:** 1. 班级干部带头作用 2. 党员先锋模范作用 3. 教师榜样引领作用

课程部分	基本部分	时间	30
课程内容		课程组织	
学习内容	思政元素融入点	组织教法	思政元素融入方式
新授课学习内容 **学习抢防守篮板球技术** **教学任务**:初步掌握抢防守篮板球技术 **教学步骤**: **教师讲解** (1)**概念**:比赛中双方队来员争抢投篮未投中从篮板或篮圈上反弹出的球,统称为抢篮板球 (2)**作用**:是守转攻的重要手段;是获控制球权的重要方法;是发动快攻的主要方式;对比赛胜负有直接影响 (3)**动作方法**:两腿弯曲,两脚前后或平行开立,对手投篮时,上步抢位转身挡贴住对手,向来球方向移动起跳(单脚或双脚),抢球(单手或双手)转体(在空间抢到球时)落地跨步挡对手 	1.**教师讲解动作要领过程中的思政元素融入点**: 提示:"抢到防守篮板,是终结对方球队进攻的最有效方法",因为,抢防守篮球板必须树立每球必争、每球必抢的意识和行动能力。抢到防守篮板球的队员虽然不像得分队员那样可以赢得观众的掌声,但正是因为抢防守篮板球队员积极、顽强、努力的拼抢,才能有效终结对方球队的得分,最终赢得比赛胜利。抢防守篮板球队员默默无闻的努力与奉献,既是篮球运动员精神品质的体现,也是篮球运动团队精神的体现 2.**教师动作示范过程中的思政元素融入点**: 提示: (1)教师整体与分解动作示范 示范要求:完成抢防守篮板技术要断准确、动作规范、移动灵活。积极与对手对抗,抢占有	**练习方法**: 1.原地自抛自抢 **组织**:  **要求**:伸臂、触球拉球至胸前动作,10次 2.**分两组、自抛(打板、使球反弹)自抢** **组织**:  **要求**:抢球猛,落地稳,做传球动作,10次 3.**两人一组、一人投篮、一人抢篮板球** **组织**:  **要求**:抢篮板球队员上步干扰—跳起封盖—转体挡人	**教师讲解示范环节思政元素融入方式**: **发挥教师榜样作用**。做到教师完成抢防守篮板球示范动作质量高、标准、规范;教师讲解具体、生动。用教师的语言与动作,带动学习的求知欲,增加对学习抢篮板球技术的热爱,使学生以教师为榜样,刻苦训练、高质量地掌握和完成学习动作,提高防守成功率 **学生练习环节思政育人融入方式**: (1)**同学之间相互辅导帮助**。两人一组进入攻守练习,进攻队员投篮出手后,防守队员进行挡抢练习,队员相互之间针对完成动作错误、存在问题等,进行交流、纠错等 (2)**教师语言鼓励与个别指导**。教师针对学生在抢防守篮板球练习中存在的问题进行个别辅导与指导,找出影响抢防守篮板球成

第四章 课程思政融入篮球课程教学的案例设计

篮球运动课程思政

——育人价值、元素挖掘与案例设计

 **(4)动作要领：** ①投篮时，要上步靠近对手，转身挡人要做到：转、挡、靠、贴四个字 ②向球移动要及时，起跳要靠挤抢位；手接触球要拿牢同时转体下拉球 ③落地要稳、跨步挡人(面对边线)准备传球或突破 **(5)动作重点和难点：** **重点：**向哪个方向移动哪只脚先迈出 **难点：**保持重心的同时向任意方向滑动 2.**教师示范** 3.**学生练习** 4.**练习重复次数：** 50次/人 **复习课练习内容** **(略)**	利的抢篮板球位置。 **(2)思政启示** **第一，积极主动。**抢防守篮板球，必须积极主动，心理上有强烈的抢篮板球意识，行动上主动顶抢 **第二，刻苦训练。**若想高质量地完成抢篮板球技术，必须要加强练习，形成正确规范技术动作。只有刻苦训练，才能提高抢篮板球的成功率 **第三，勇于奉献。**抢防守篮球板技术默默无闻，不像投篮练习那样有趣且形式多样，训练比较枯燥、艰苦，但却是重要的技术，球队中好的抢篮板球队员在关键时刻可以起到增加进攻机率的作用，因此，平时训练中要有"甘于奉献、甘作绿叶"，做一名优秀的抢篮板队员 3.**学生练习过程中的思政元素融入点：** **提示：** (1)学生分解动作示范 **练习要求：**动作规范、仔细体会抢防守篮板球技术、避免易犯错误	易犯错误和纠正方法： **(1)抢篮板时不挡人，对方一投篮就移到篮下**：要使运动员明确挡人的重要性。在反复练习中使运动员养成挡人的习惯 **(2)转身挡人时挡不住对手。**原因：一是上步抢不及时，二是前后转身运用不当，三是与进攻队员之间的距离过远 **纠正方法：**要强调在练习中养成认真观察与分析的习惯，以便能准确地判断对手的行动和意图 **(3)转身挡人后"靠贴"不紧，易让对手跑掉。** **纠正方法：**可用一对一原地练习转身挡人靠贴动作(靠贴时进攻队员可移动) **教法：** 1.讲解法 2.示范法 3.分解法 4.完整法	功率的症结所在，以鼓励、激励的方式，提高学生的练习积极性，尽快掌握正确动作，提高抢篮板球能力 **(3)骨干带头。**班级骨干，主动进行技术示范，两名同学之间进行攻守对抗，拼抢篮板球。引导同学们要具有刻苦、拼搏、积极、进取的精神，增加训练热情及营造训练氛围

	（2）思政元素融入启示 第一，刻苦训练。使学生充分认识到高质量的抢防守篮板球技术，必须靠反复练习，才能提高抢篮板球的成功率 第二，对抗拼抢。在攻守对抗的情况下，防守队员要敢于抢在占位，利用身体与脚步的动作抢占有利位置，在多人的拼抢争夺中不畏对手，拼搏争先		
课程部分	结束部分	时间	5
课程内容		课程组织	
学习内容	思政元素融入点	组织教法	思政元素融入方式
1. 整队、整理活动 2. 收拾器械 3. 课堂小结 4. 布置课后复习内容 5. 宣布下课	结束部分思政元素融入点： 提示： （1）集合整队（精神风貌，快静齐） （2）收拾器械（爱护器材，积极参与） （3）随机抽查同学完成"抢防守篮板球"技术达标与技评情况 （4）学习回顾（勤于思考、积极发言，踊跃参与）	组织： 要求： （1）积极放松 （2）回顾课上学习内容 （3）总结	结束部分思政元素融入方式： 教师小结（回顾学习重点；提出课后练习要求；对抢防守篮板球技术融入思政元素进行总结）

第四章　课程思政融入篮球课程教学的案例设计

续表

课后作业	1. 技术作业： 结成互助小组,2个人一组进行课后攻守练习,进攻队员投篮,防守队员"顶抢"篮板球,相互进行技术指导,同学之间相互技评、交流 2. 理论作业： (1)抢防守篮板球技术动作要领 (2)你认为抢防守篮板球可以培养学生的什么品质？应如何加强练习 (3)搜集一个你了解的关于"篮板王"的小故事(视频、文本均可)
教师 课后小节	
学生学习效果反馈	

七、《快攻战术》实践课教学案例设计

《快攻战术》教学案例设计	
课程任务	学习快攻战术
课程目标	**课程思政育人目标：** **集体主义**——篮球运动是集体项目,通过学习进攻快攻战术,培养学生团结协作、合作共赢的集体主义精神 **协同配合**——快攻战术是在短时间内完成的"以少打多"进攻配合战术,要求同伴之间必须抓紧时机、协同配合、步调一致,赢得时间、位置与人数上的主动 **拼搏争先**——高质量地完成进攻快攻战术,必须要求进攻队员之间找准时机,有冲劲,不畏防守队员的追赶与压力,以最快的速度与位置上的优势,协同配合创造最佳的进攻时机,勇于拼搏,敢于争先是快攻胜利的关键 **课程内容学习目标**:初步掌握快攻战术

课程部分	准备部分	时间	10
课程内容		**课程组织**	
学习内容	思政元素融入点	组织教法	思政元素融入方式
1. 开始部分 (1)集合、师生问好 (2)宣布本次课任务与要求 (3)安排见习生 **2. 准备活动** (1)一般准备活动 (2)专项准备活动	**1.课前准备** 物品摆放整洁 器材准备充分 师生精神饱满、朝气蓬勃、积极向上 **2. 师生问好** 尊严神圣、站姿规范、声音洪亮、体现尊师重教的精神风貌 **3. 学习导读** (1)介绍学习内容、 (2)本次课思政元素关键词：**团结、互助、协同、配合、拼搏等**	组织： 要求： (1)精神饱满,态度端正 (2)积极主动,学习刻苦 (3)勤于思考,精益求精	**准备部分思政元素融入方式：** 1. 班级干部带头作用 2. 党员先锋模范作用 3. 教师榜样引领作用
课程部分	准备部分	时间	10
课程内容		**课程组织**	
学习内容	思政元素融入点	组织教法	思政元素融入方式
新授课学习内容 学习快攻战术 **教学任务**:初步掌握快攻战术。加强快攻当中发动、接应、推进和结束部分的练习 **教学步骤**: **1.教师讲解** (1)**概念**:快攻是由防守转入进攻时,以最快的速度、最短的时间,在对方尚未部署好防守之前,以最短时间把球攻入前场,创造	**1.教师讲解配合要领过程中的思政元素融入点**: 提示:篮球运动是集体项目,要靠团队配合赢得胜利,快攻战术是篮球场上最佳的得分手段,要求在最短的时间内,进攻队员采用最合理的战术配合方式造成人数上的以多打少,因此,参与快攻球员之间的密切配合至为重要。需要进攻	**练习方法**: 1. 每两人一组一球,纵向二分之一场地内做行进间传接球快攻上篮练习。 2. 全场二攻一练习 **组织**: 	**教师讲解示范环节思政元素融入方式**: **发挥教师榜样作用**(请技术较好的同时协同配合一起完成示范动作。做到完成示范快攻战术配合质量高、标准、规范;教师讲解具体、生动),用教师的语言与动作,带动学习的求知欲,使学生以教师和骨干学生为榜样,刻苦训练、高质量地

篮球运动课程思政

——育人价值、元素挖掘与案例设计

续表

人数上、位置上的优势,果断而合理地进行攻击的一种进攻战术。快攻战术的核心是:争取时间,创造战机,速战速决。快攻发动的时机有:抢后场篮板球;抢、断球和打球;对方投中篮后,掷端线界外球和中、后场跳球四种 (2)**特点:**全队参加快攻,尤其是高大队员也能参与快攻的各个环节;短传快攻的第一传距离加远,速度将会有明显提高;接应区域不固定,接应队员也相对机动;短传快攻的几个阶段没有明显界线 (3)**快攻的方法:** **快攻的形式:**快攻的组织形式有长传快攻和短传快攻两种: 长传快攻即得球后通过1—2次长传球,把球攻入前场投篮的组织方法;短传快攻即得球后通过传球、运球有层次的把球快速推进到前场进行投篮的组织方法 (4)**快攻的组织方法:** 快攻是由发动、接应、推进和结束三	队员在冷静判断,合理运用技术的同时,相信同伴,协同配合,找准发动快攻的时机,采用针对性的快攻战术配合,用准确、及时、高效的配合为球员赢得进攻时间、机会与成功。希望同学们提高配合意识、练就过硬的快攻战术配合方式,为同伴创造得分机会,为全队赢得胜利 2. **教师动作示范过程中的思政元素融入点:** 提示: (1)**教师整体与分解动作示范** **示范要求:**必须准确、规范、动作到位,强调要战术配合运用的细节,精益求精,提高完成快攻战术配合的质量与成功率 (2)**思政元素融入启示** **第一,协同配合。**同伴之间必须要增强信任度、默契度,选择最佳的快攻时机,运用合理正确的发动接应、推进和结束阶段的处理球的方式,共同完成快攻战术配合	**要求:** 1. 全队要树立快攻意识,掌握快攻的发动时机 2. 由守转攻时,每个队员积极行动,发动、接应、快下要协同进行,并保持纵深分散队形,展开迅速的攻击 3. 获球队员和掷界外球的队员,要敏锐的观察同伴的行动,要先远后近,传好第一传。在进攻中,应以传球为主,结合运球突破,加快进攻速度 4. 快攻结束时,不要降低速度,要果断进行攻击篮下和跟进抢篮板球 5. 全队要有强烈的快攻愿望和快速意识,不放过任何一次发动快攻的机会 6. 及时分散,做到前后联系,左右照应,梯形向前推进,以便保持合理传接球距离 7. 多传球、少运球,必要时可传运结合 8. 运球推进时,要敢于接近防守队员,创造最佳的传球时机和角度 9. 组织跟进,创造第二次进攻机会,并注意保持攻守平衡	掌握并完成快攻战术配合 **学生练习环节 思政元素融入方式:** (1)**同学之间互助。**完成快攻战术配合的队员之间相关帮助,观察同伴的意识、行动、路线、技术运用与完成质量,进行相互指导、交流、找出配合过程中存在的问题,探讨解决方案 (2)**教师语言鼓励与个别指导。**教师针对个别小组的快攻战术配合练习情况进行个别辅导与指导。以鼓励、激励的方式,提高学生的练习积极性,尽快掌握正确快攻战术发动、接应、推进、结束的配合方式 (3)**团体合作。**练习过程中,教师提要求,运用团队配合的方式,发挥团作、协同配合的优势,在大家共同努力下,提高运用快攻战术配合的成功率与完成质量,减少失误,达到练习要求

142

个阶段组成 2.教师示范 3.学生练习 4.教师及时纠正错误动作 5.重复练习次数： 30 次/组 复习课练习内容 （略）	第二，集体主义。篮球运动是集体项目,练习快攻战术的过程中,培养学生要相信团队的力量、团结互助,相信同伴,共同努力,完成快攻战术配合 3.学生练习过程中的思政元素融入点： 提示： (1)学生分解动作示范 练习要求:快攻战术发动时机恰当、推进路线合理、传接球到位、处理球果断、成功率高、减少失误 (2)思政元素融入启示 第一，团结合作。使学生始终认识到进攻快攻战术配合是需要团队密切协作才能完成的任务,同伴队员是一个有机整体,流畅的快攻战术配合是球队共同努力的结果,要团结一致、相互补台,不能彼此埋怨,只有好的协同配合,才能完成高质量的快攻战术配合 第二，精益求精。使学生认识到,若想快攻战术配合不失误,必须要靠同伴之间精益求精的	教法： 1.讲解法 2.示范法 3.分解法 4.完整法	

第四章 课程思政融入篮球课程教学的案例设计

	配合与不断地练习与提高,在掌握正确快攻战术配合方式的基础上,必须靠反复练习,达到熟能生巧、配合默契		
课程部分	**结束部分**	**时间**	**5**
课程内容		**课程组织**	
学习内容	**思政元素融入点**	**组织教法**	**思政元素融入方式**
1. 整队、整理活动 2. 收拾器械 3. 课堂小结 4. 布置课后复习内容 5. 宣布下课	**结束部分思政元素融入** **提示:** (1)集合整队(精神风貌,快静齐) (2)收拾器械(爱护器材,积极参与) (3)随机抽查小组"长传快攻、短传结合运球推进快攻"的完成质量 (4)学习回顾(勤于思考、积极发言,踊跃参与)	**组织:** **要求:** (1)积极放松 (2)回顾课上学习内容 (3)总结	**结束部分思政元素融入方式:** 教师小结(回顾学习重点;提出课后练习要求;对快攻战术融入的思政元素进行总结)
课后作业	**1. 战术作业:** 三人一组,进行全场8字围绕、短传快攻、长传快攻练习,每项练习各完成20次 **2. 理论作业:** (1)画图并说明8字围绕的配合路线 (2)你认为练习快攻战术可以培养学生的什么品质		
教师课后小节			
学生学习效果反馈			

八、《进攻战术基础配合》实践课教学案例设计

<table>
<tr><td colspan="4" align="center">《进攻战术基础配合》教学案例设计</td></tr>
<tr><td>课程任务</td><td colspan="3">学习进攻战术基础配合(传切配合、突分配合、掩护配合、策应配合)</td></tr>
<tr><td rowspan="2">课程目标</td><td colspan="3">课程思政育人目标:
集体主义——篮球运动是集体项目,通过学习进攻战术基础配合,培养学生团结友爱、互帮互助、相互合作的集体主义精神。
协同配合——战术基础配合是在短时间内完成的有效配合手段,要求同伴之间必须相互信任、目标一致、思想统一、配合默契
精益求精——高质量地完成进攻战术基础配合,必须要求进攻队员之间要千锤百炼、反复配合,在掌握规范战术配合的同时,根据场上变换情况,精益求精地完成场上的战术配合,增加进攻成功率</td></tr>
<tr><td colspan="3">课程内容学习目标:初步进攻战术基础配合(传切配合、突分配合、掩护配合、策应配合)</td></tr>
<tr><td>课程部分</td><td align="center">准备部分</td><td>时间</td><td align="center">10</td></tr>
<tr><td colspan="2" align="center">课程内容</td><td colspan="2" align="center">课程组织</td></tr>
<tr><td align="center">学习内容</td><td align="center">思政元素融入点</td><td align="center">组织教法</td><td align="center">思政元素融入方式</td></tr>
<tr>
<td>1.开始部分
(1)集合、师生问好
(2)宣布本次课任务与要求
(3)安排见习生
2.准备活动
(1)一般准备活动
(2)专项准备活动</td>
<td>1.课前准备
物品摆放整洁
器材准备充分
师生精神饱满、朝气蓬勃、积极向上
2.师生问好
尊严神圣、站姿规范、声音洪亮、体现尊师重教的精神风貌
3.学习导读
(1)介绍学习内容、
(2)本次课思政元素关键词:团结、互助、集体、协同、配合等</td>
<td>组织:

要求:
(1)精神饱满,态度端正
(2)积极主动,学习刻苦
(3)勤于思考,精益求精</td>
<td>准备部分思政元素融入方式:
1.班级干部带头作用
2.党员先锋模范作用
3.教师榜样引领作用</td>
</tr>
</table>

续表

课程部分	基本部分	时间	40
课程内容		课程组织	
学习内容	思政元素融入点	组织教法	思政元素融入方式
新授课学习内容 学习进攻战术基础配合 **教学任务**:初步掌握进攻战术基础配合的方法,明确配合的位置、距离、路线与时机 **教学步骤**: **传切配合** 1.**教师讲解** (1)**概念与用途** 传切配合是持球队员将球传给邻近同伴之后,利用假动作或起动速度超越防守,并接同伴的回传球进行攻击的一种配合方法 (2)**配合要点** 切入队员下压要靠近防守,改变方向要突然,起动切入时第一步要用靠近防守队员一侧的脚向切入方向跨出并加速快跑,同时侧身用上体贴紧防守队员,脚尖对着切入方向 2.**教师示范** 3.**学生练习** 4.**教师纠正错误动作** 5.**重复练习次数**: 40组/传切配合	1.教师讲解动作要领过程中的思政元素融入点: **提示**:篮球运动是集体项目,要靠团队配合赢得胜利。进攻战术基础配合是篮球场上局部几个球员之间密切配合完成的进攻战术,他是全队配合的基础与连接,在战略配合中起到重要作用。需要进攻队员相信同伴,协同配合,找准进攻时机,采用针对性的进攻战术基础配合方法,用准确、及时、高效的配合为球员赢得进攻时间、机会与成功。希望大家提高配合意识、练就过硬的战术配合方法,为同伴创造得分机会,为全队赢得胜利 2.**教师动作示范过程中的思政元素融入点**: **提示**: (1)教师整体与分解动作示范 **示范要求**:必须准确、规范、动作到位强调要注意细节,	1.**传切配合练习** 练习方法:见下图组织: **要求**: (1)切入队员切入动作突然、迅速。 (2)传球队员传球到位、准确。 2.**突分配合练习** 练习方法:见下图组织: **要求**: 突破动作要突然快速,在突破过程中要随时观察场上攻、守队员位置 3.**掩护配合练习** 练习方法:见下图组织: 	教师讲解示范环节思政元素融入方式: **发挥教师榜样作用**。请技术较好的同学协同配合一起完成示范动作。做到完成示范战术基础配合质量高、标准、规范;教师讲解具体、生动。用教师的语言与动作,带动学习的求知欲,使学生以教师和骨干学生为榜样,刻苦训练、高质量地掌握并完成进攻战术基础配合 **学生练习环节思政元素融入方式**: (1)**同学之间互助**。完成进攻战术基础配合的队员之间相关帮助,观察同伴的动作、路线与完成质量,进行相互指导、交流、找出配合过程中存在的问题,探讨解决方案 (2)**教师语言鼓励与个别指导**。教师针对个别小组的进攻战术基础配合练习情况进行个别辅导与指导,以鼓励、激励的方式,提高学生练习的积极性,

突分配合 **1.教师讲解** **(1)概念与用途** 突分配合是持球队员突破后，主动的或应变的利用传球与同伴配合的方法 突分配合用于对付扩大防守，能各个击破，打乱对方的防守部署；也可以用来压缩对方的防区，创造外围、中远距离投篮的机会 **(2)配合要点** 突破要深，分球要准，要巧，人到球到。 **教师示范** **3.学生练习** **4.教师及时纠正错误动作** **5.重复练习次数：** 40组/突分配合 **掩护配合** **1.教师讲解** **(1)概念与用途** 掩护配合是掩护队员采用合理的行动，用自己的身体挡住同伴防守者的移动路线，使同伴借以摆脱防守，或利用同伴的身体和位置使自己摆脱防守的一种配合方法	精益求精，提高完成进攻战术基础配合的质量与成功率 **(2)思政元素融入启示** **第一，精益求精。**若想熟练规范地运用进攻战略基础配合，球员之间必须掌握正确的配合时机、要领与配合方式。要认真学习、认真体会，养成勤于思考、善于动脑的习惯 **第二，协同配合。**同伴之间必须要增强信任度、默契度，选择正确的时机，运用有效的基础配合方式，共同完成战术配合的衔接 **第三，集体主义。**篮球运动是集体项目，练习过程中，培养学生要相信团队的力量、团结互助，相信同伴，共同努力，完成配合 **3.学生练习过程中的思政元素融入点：** **提示：** **(1)学生分解动作示范** **练习要求：**配合时机恰当、跑动路线、传接球到位、进攻果断、减少失误	**要求：** 掩护队员给同伴做掩护时，要突然跑到同伴的防守者的移动路线上，保持适当的距离 2.当同伴利用掩护摆脱防守时，掩护队员应随着防守者的移动转身切入，准备抢篮板球或接球 **4.策应配合练习** **练习方法：**见下图 **组织：**  **要求：** 1.掩护队员给同伴做掩护时，要突然跑到同伴的防守者的移动路线上，保持适当的距离 2.当同伴利用掩护摆脱防守时，掩护队员应随着防守者的移动转身切入，准备抢篮板球或接球 **教法：** 1.讲解法 2.示范法 3.分解法 4.完整法	尽快掌握正确配合时机与战略运用方法 **(3)团队合作。**练习过程中，教师提要求，运用团队配合的方式，发挥团队、协同配合的优势，在大家共同努力下，提高运用进攻战术基础配合的成功率与完成质量，减少失误，达到练习要求

(2) 配合要点 掩护队员给同伴做掩护时,要突然跑到同伴的防守者的移动路线上,保持适当的距离,两脚开立,双膝微屈,两臂屈肘于胸前,上体微前倾,扩大掩护面积,当同伴利用掩护摆脱防守时,掩护队员应随着防守者的移动转身切入,准备抢篮板球或接球 2. 教师示范 3. 学生练习 4. 教师及时纠正错误动作 5. 重复练习次数: 40 组/掩护配合 **策 应 配 合** 1. 教师讲解 (1) 概念与用途 策应配合是指进攻队员背对篮或侧对篮接球,由他做枢纽,与同伴空切相配合而形成的一种里应外合的方法 (2) 配合要点 策应者要及时抢位接球,接球后,两脚开立要用手臂、身体、腿部拦住防守者,两手持球于胸前,两肘外张保护球,身材较高的策应者可将球持于头上,要随时观察场上情况,以便及时	(2) 思政元素融入启示 **第一,团结合作。** 使学生始终认识到进攻战术基础配合是团队合作需要密切配合完成的任务,同伴队员是一个有机整体,流畅的进攻战术基础配合是球队共同努力的结果,要团结一致、相互补台,不能彼此埋怨,只有好的协同配合,才能完成高质量的进攻战术基础配合 **第二,精益求精。** 使学生认识到,若想进攻战术配合不失误,必须要靠同伴之间精益求精的配合与不断地练习与提高,在掌握正确进攻战术基础配合要领的基础上,必须靠反复地练习,才能达到熟能生巧、配合默契		

148

将球传给最有利进攻的同伴,注意自己的攻击机会,根据攻防的实际情况,处理好内外结合的关系。在策应过程中,要用转身、跨步、假动作,及时调整策应的方向、位置,以便协助同伴摆脱防守,增加策应的变化与成功率 2. 教师示范 3. 学生练习 4. 教师及时纠正错误动作 5. 重复练习次数:40次/组 复习课练习内容(略)			

课程部分	结束部分	时间	5

课程内容		课程组织	
学习内容	思政元素融入点	组织教法	思政元素融入方式
1. 整队、整理活动 2. 收拾器械 3. 课堂小结 4. 布置课后复习内容 5. 宣布下课	结束部分思政元素融入点: 提示: (1)集合整队(精神风貌,快静齐) (2)收拾器械(爱护器材,积极参与) (3)随机抽查小组"进攻战术基础配合"的完成质量 (4)学习回顾(勤于思考、积极发言,踊跃参与)	组织: 要求: (1)积极放松 (2)回顾课上学习内容 (3)总结	结束部分思政元素融入方式: 教师小结(回顾学习重点;提出课后练习要求;对进攻战术基础配合的融入的思政元素进行总结)

第四章 课程思政融入篮球课程教学的案例设计

课后作业	1. 战术作业： 两人一组，进行进攻战略基础配合练习（传切、突分、掩护、策应配合）每项配合共完成 30 次 2. 理论作业： （1）画图并说明进攻战术基础配合（传切、突分、掩护、策合）的配合要领 （2）你认为练习进攻战术基础配合可以培养学生的什么品质？
教师 课后小节	
学生学习效果反馈	

九、《半场人盯人防守与进攻半场人盯人防守》实践课 教学案例设计

《半场人盯人防守与进攻半场人盯人防守》教学案例设计	
课程任务	学习半场人盯人防守与进攻半场人盯人防守战术
课程目标	**课程思政育人目标：** **集体主义**——篮球运动是集体项目，通过学习半场人盯人防守与进攻半场人盯人防守战术，培养学生团结友爱、互帮互助、相互合作的团队精神与集体荣誉感 **协同配合**——无论是防守战术配合（半场人盯人防守），还是进攻战术配合（进攻半场人盯人防守），均需要进攻或防守队员之间采用协同配合，根据攻守战术配合意图与要求，统一思想，团结合作，相互信任、目标一致、思想统一、配合默契 **质量效率**——高质量、高效率地完成攻守战术配合，必须要求进攻队员之间要相互配合，反复练习战术配合路线、各司其职、协同配合，千锤百炼，在掌握攻守战术配合的同时，根据场上变化情况，精益求精地完成场上的战术配合，增加攻守战术配合成功率 **课程内容学习目标：**初步掌握半场人盯人防守与进攻半场人盯人防守战术

150

课程部分	准备部分	时间	10
课程内容		课程组织	
学习内容	思政元素融入点	组织教法	思政元素融入方式
1. 开始部分 (1)集合、师生问好 (2)宣布本次课任务与要求 (3)安排见习生 **2. 准备活动** (1)一般准备活动 (2)专项准备活动	**1. 课前准备** 物品摆放整洁 器材准备充分 师生精神饱满、朝气蓬勃、积极向上 **2. 师生问好** 尊严神圣、站姿规范、声音洪亮、体现尊师重教的精神风貌 **3. 学习导读** (1)介绍学习内容、 (2)本次课思政元素关键词:团结、协作、协同、配合、高效等	组织: **要求**: (1)精神饱满,态度端正 (2)积极主动,学习刻苦 (3)勤于思考,精益求精	**准备部分思政育人融入方式:** 1. 班级干部带头作用 2. 党员先锋模范作用 3. 教师榜样引领作用
课程部分	基本部分	时间	30
课程内容		课程组织	
学习内容	思政元素融入点	组织教法	思政元素融入方式
新授课学习内容 **学习半场人盯人防守与进攻半场人盯人防守** **教学任务**:明确进攻与防守战术配合要领和基本方法,初步学会正确选位。初步掌握半场人盯人防守与进攻半场人盯人防守方法和战术体系	1. 教师讲解动作要领过程中的思政元素融入点: 提示:篮球运动是集体项目,要靠团队配合完成攻守配合,最终赢得比赛胜利。人盯人防守与进攻人盯人战术,是篮球场上攻守队员全队密切配合完成的攻守战术。需要攻守队员充分相信同伴,协同配合,找准攻守时机,采用针对性	1. 半场人盯人防守练习方法:每五人一组,半场练习。进攻队员将球在场地中不停的传递,防守队员根据球和对手的位置选择自己的防守位置,由消极防守到积极防守,加强半场人盯人防守的能力	教师讲解示范环节思政元素融入方式: **发挥教师榜样作用**。请技术较好的同学协同配合一起完成战术配合示范。做到完成攻守战术配合示范的质量高、标准、规范;教师讲解具体、生动。用教师的语言与动作,带动学习的求知欲,使学生以教师和骨干学生为榜样,刻苦训练、

第四章 课程思政融入篮球课程教学的案例设计

续表

半场人盯人防守	的攻守战术配合方	组织：	高质量地掌握并完
教学步骤：	法，用准确、及时、		成攻守战术配合

半场人盯人防守

教学步骤：

1. 教师讲解

(1) 概念和原则：
人盯人防守是每个防守队员盯住一个进攻队员，并要协助同伴进行集体防守的全队防守战术。它的基本原则是：以盯人为主，经常保持在对手与球篮之间有利位置上，及时协助同伴形成集体防守

(2) 防守方法：
半场人盯人防守按运用时防守范围而言可分为半场缩小人盯人防守和半场扩大人盯人防守。半场缩小人盯人防守用于对付中、远距离投篮不太准，而突破和篮下攻击能力较强的对手。半场扩大人盯人防守则用于对付外围投篮较准，突破和篮下进攻能力较弱和后卫控制、支配球较弱的队。运用时，要根据队员的身高、攻守位置、技术水平等进行合理分工，明确要盯的对手

① 选位与移动方法：
在防守时，根据球的变化和盯人为主的原则，要球、人、

的攻守战术配合方法，用准确、及时、高效的配合为球员赢得进攻与防守的时间、机会。希望各位同学提高配合意识，练就过硬的攻守战术配合，同心协力，为全队赢得胜利

2. 教师动作示范过程中的思政元素融入点：

提示：

(1) 教师整体与分解动作示范

示范要求：必须准确、规范、动作到位。强调要注意细节，注意配合路线，增强配合意识，精益求精，提高完成攻守战术配合的质量与成功率

(2) 思政元素融入启示：

第一，精益求精。若想熟练规范地运用攻守战术配合，球员之间必须掌握正确攻守战术配合方式、路线、时机及统一思想等。要认真学习、认真体会，养成勤于思考、善于动脑的习惯

第二，协同配合。攻守队员之间必须要增强信任、默契度，选择正确的攻守配合时机，运用有效的攻

组织：

要求：

1. 总的原则是"以人为主，人、球、区"兼顾

2. 对持球队员紧逼，控制其投篮与突破。尽量不让其向自己的身后传球

3. 对方无球队员在强侧（即有球一侧），要根据防守任务，错位防接球，迫使对手越人高吊球，或者是保护中锋进行协防。对方无球队员在弱侧（即无球一侧），要向有球一侧靠拢，控制篮下腹地，即占据接近球场纵轴线的位置

4. 要全面观察场上情况，随时掌握球的动向、球与对手的关系、同伴的方位、准备及时补、夹、抢、断

5. 对于由无球到接球时，应运用小步幅跑动或滑步调整防守位置，做到"球

高质量地掌握并完成攻守战术配合

学生练习环节思政元素融入方式：

(1) 同学之间互助。完成攻守战术基础配合的队员之间相关帮助，相互观察同伴的动作、路线与完成质量，进行相互指导、交流、找出配合过程中存在的问题，探讨解决方案

(2) 教师语言鼓励与个别指导。教师针对各组在攻守战术配合练习中存在的问题进行个别辅导与指导。以鼓励、激励的方式，提高学生的练习积极性，尽快掌握正确配合时机与战术运用方法

(3) 团体合作。练习过程中，教师提要求，运用团队配合的方式，发挥团队、协同配合的优势，在大家共同努力下，提高运用攻守战术配合的成功率与完成质量，减少失误，达到练习要求

区兼顾,对强侧(有球侧)与弱侧(无球侧)进行不同的防守

②**防守进攻配合方法**:

A 防守以掩护为主进攻

B 防守通过中锋进攻

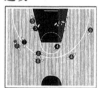

2.**教师示范**

3.**学生练习**

4.**教师纠正错误动作**

5.**练习重复次数**

进攻半场人盯人防守

教学步骤:

1.**教师讲解**

(1)**原则**:由于半场人盯人防守是篮球比赛运用最普遍的防守战术,所以每一个篮球队都必须掌握进攻半场人盯人防守的战术。进攻半场人盯人防守战术是由各种传切、突分、掩护、策应等基础配合组成的全队战术,每个队都要有 1—2 种基础配合组成全队战术来组织本队的进攻力量,熟练掌握及运用它,不断

守配合方式与路线,共同完成配合攻守战术配合

第三,集体主义。篮球运动是集体项目,练习过程中,培养学生要相信团队的力量、团结互助,相信伙伴,共同努力,完成战术配合

3.**学生练习过程中的思政元素融入点**:

提示:

(1)**学生分解动作示范**

练习要求:配合时机恰当、跑动路线、传接球到位、进攻果断、减少失误

(2)**思政元素融入启示**:

第一,团结合作。使学生始终认识到攻守战术配合是团队合作,需要密切配合完成的任务,全体队员是一个有机整体,流畅的攻守战术配合是球队共同努力的结果,要团结一致、相互补台,不能彼此埋怨,只有好的协同配合,才能完成高质量的攻守战术配合

第二,精益求精。使学生认识到,若想战术配合不失误,必须要靠同伴之间精益求精的配合

到人到"。重心不要向前,避免扑打或上跳

6. 由攻转守时,每个队员都要迅速退回后场,找到对手,组成集体防守

7. 根据对手、球、球篮,选择有利位置,有球紧、无球松;近球紧、远球松;近篮紧、远篮松,积极移动,控制对手

8. 做到球、人、区兼顾,与同伴协防,破坏对方进攻配合,加强防守的集体性

2.**进攻半场人盯人防守**

练习方法:每五人一组,半场练习。进攻队员根据进攻战术基础配合制定战术打法,多利用基础配合进攻人盯人防守,防守队员由消极到积极,加强进攻半场人盯人配合运用的能力

组织:

要求:

1. 进入半场后,应合理的组织进攻队形,迅速的落位

加以改进,提高战术配合的质量与变化 **(2)进攻半场人盯人战术的方法** 进攻半场人盯人的战术可分为三种类型: 一是以单中锋为主的进攻法,落位形式有 2-3、2-1-2、2-2-1 等 二是以双中锋为主的进攻法,落位形式有 1-3-1、1-2-2、1-4 等 三是机动进攻法,采用马蹄形落位。或者用 2-3 落位,三个锋线队员有层次的轮流插向篮下,采用机动中锋的打法 进攻半场人盯人时,不论采用何种形式的打法,其整体战术都是由传切、突分、策应、掩护等基础配合所组成 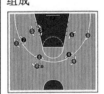 2.教师示范 3.学生练习 4.教师及时纠正错误动作 5.练习重复次数 复习课练习内容(略)	合与不断地练习提高,在掌握正确战术配合方式的基础上,必须靠反复地练习,达到熟能生巧、配合默契	2.要充分利用基础配合及其变化来创造攻击机会,要正面进攻与侧面进攻、内线进攻与外围进攻、主动与辅助进攻相结合,扩大攻击面,增多攻击点,加强进攻的攻击性 3.在组织进攻中,要根据防守状况攻击其薄弱环节,有目的的穿插、换位,造成防守的漏防,同时注重速度,讲究节奏,快慢结合、动静结合,在动中配合,在比赛中默契,加强进攻中的针对性和灵活性 4.组织拼抢前场篮板球,注意攻守平衡,保证攻守转换的速度 5.提高配合速度,掌握进攻节奏。发动、组织配合要快,同时要注意快慢结合,掌握好进攻节奏 6.要内、外结合,扩大攻击面,增多攻击点,并不断改变攻击方向,有针对性地组织近、中、远不同距离的配合 7.加强战术配合的连续性,注意战术转换	

154

		8.明确主攻方向和侧重点,攻其薄弱环节 **教法**: 1.讲解法 2.示范法 3.分解法 4.完整法	
课程部分	**结束部分**	**时间**	5

课程内容		课程组织	
学习内容	**思政元素融入点**	**组织教法**	**思政元素融入方式**
1.整队、整理活动 2.收拾器械 3.课堂小结 4.布置课后复习内容 5.宣布下课	结束部分思政元素融入 **提示**: (1)集合整队(精神风貌,快静齐) (2)收拾器械(爱护器材,积极参与) (3)随机抽查小组"半场人盯人防守与进攻半场人盯人防守战术配合"完成质量 (4)学习回顾(勤于思考、积极发言,踊跃参与)	**组织**: **要求**: (1)积极放松 (2)回顾课上学习内容 (3)总结	结束部分思政育人融入方式: 教师小结(回顾学习重点;提出课后练习要求;对半场人盯人防守与进攻半场人盯人防守融入的思政元素进行总结)
课后作业	1.**战术作业**: 由班级骨干组织,课下进行教学比赛。采用人盯人防守及进攻人盯人防守战术战术进行教学比赛 2.**理论作业**:你认为战术配合可以培养学生的什么品质?		
教师 课后小节			
学生学习效果反馈			

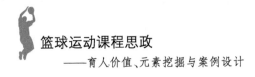
后　记

体育课程思政是青年学生"拔节孕穗期"的铸魂工程，只有牢牢把握价值引领这个第一要务，才能收获"立德树人"的成效。2018年9月10日，习近平总书记指出，要把立德树人融入思想道德教育、文化知识教育、社会实践教育各环节，学科体系、教学体系、管理体系要围绕这个目标来设计。教师要围绕这个目标来教，学生要围绕这个目标来学。习近平总书记的讲话为篮球课课堂教学融入课程思政元素指明了方向与路径。

鉴于现出版的各级各类有关篮球运动方面的专著中，鲜有以课程思政为切入点，从课程思政元素挖掘且融入篮球课教学及相关技术教学案例分析等视角进行系统研究的学术成果，为此，本著作具有视角新、目标明、应用强等特点。所提出的篮球课程思政应以立德树人为核心，在篮球课堂教学中将课程思政与技能学习有机融合，以教学大纲、教学计划、教材、教案等为依托，将"立德树人"的育人理念融入篮球课程设计，形成环环相扣的育人体系，具有一定的启示作用与参考价值。

本著作撰写的过程也是编者深入学习、深入思考、不断打磨、不断完善的过程。著作虽已撰写成稿，但总感觉还有进一步提升的空间。正所谓，学无止境、学海无涯。后期编者也将继续认真思考，潜心钻研，深入完善。鉴于撰写者专业能力与知识结构所限，该著作在撰写中还存在不足之处，敬请各位专家与同行批评指正！

参考文献

［1］陈宝生在 2018 年全国教育会议上的讲话［EB/OL］.［2018-02-06］. http://www. moe. gov. cn/jyb_xwfb/moe_176/201802/t20180206_326931. html

［2］教育部关于印发《高等学校课程思政建设指导纲要》的通知(教高(2020)3 号)［EB/OL］.［2020-06-01］. http://www. moe. gov. cn/src-site/A08/s7056/202006/t20200603_462437. html

［3］习近平:高举中国特色社会主义伟大旗帜 为全面建设社会主义现代化国家而团结奋斗——在中国共产党第二十次全国代表大会上的报告［EB/OL］.［2022-10-25］http://www. gov. cn/xinwen/2022-10/25/content_5721685. htm

［4］中共中央 国务院印发《"健康中国 2030"规划纲要》［EB/OL］. ［2016-10-25］. http://www. gov. cn/xinwen/2016-10/25/content_5124174. htm

［5］国务院办公厅印发《体育强国建设纲要》［EB/OL］.［2019-09-02］. http://www. gov. cn/xinwen/2019-09/02/content_5426540. htm

［6］习近平在北京大学师生座谈会上的讲话［EB/OL］.［2018-05-03］. http://cpc. people. com. cn/n1/2018/0503/c64094-29961631. html

［7］教育部关于加快建设高水平本科教育全面提高人才培养能力的意［EB/OL］.［2018-09-17］. http://www. gov. cn/zhengce/zhengceku/2018-12/31/content_5443541. htm

［8］吴岩:让课程思政成为有情有义、有温度、有爱的教育过程［EB/OL］. ［2020-06-09］. https://https://www. eol. cn/news/yaowen/202006/

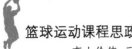
t20200609_1732490. shtml

[9]天津——"奥运三问"的发祥地[N].天津日报,2014-08-26.

[10]王家宏主编.球类运动——篮球(第三版)[M].北京:高等教育出版社,2015.

[11]孙民治主编.现代篮球高级教程[M].北京:人民体育出版社,2004.

[12]国家体育总局.深入学习习近平关于体育的重要论述[M].北京:人民出版社,2022.

[13]张柏铭,钟武.立德树人视阈下的高校体育教学改革[J].高教学刊,2018(15):129-131+134.

[14]朱宁,都希."课程思政"理念下高职体育教学中的德育价值探究[J].教育现代化,2019,6(67):200-201.

[15]冯莉."课程思政"理念融入体育课程的途径研究[J].当代体育科技,2018,8(29):78-79.

[16]邱伟光.课程思政的价值意蕴与生成路径[J].思想理论教育,2017(07):10-14.

[17]邱仁富."课程思政"与"思政课程"同向同行的理论阐释[J].思想教育研究,2018(04):109-113.

[18]高德毅,宗爱东.课程思政:有效发挥课堂育人主渠道作用的必然选择[J].思想理论教育导刊,2017(01):31-34.

[19]李国娟.课程思政建设必须牢牢把握五个关键环节[J].中国高等教育,2017(Z3):28-29.

[20]高燕.课程思政建设的关键问题与解决路径[J].中国高等教育,2017(Z3):11-14.

[21]赵晶,闫育东.中国篮球运动爱国主义精神在体育强国建设中的弘扬与思考[J].北京体育大学学报,2021,44(01):1-9.

[22]赵晶,闫育东,高江航.课程思政融入高校体育课教学的本源回归、价值塑造与路径思考[J].体育学刊,2021,28(05):89-93.

[23]赵富学,彭小伟.体育课程思政建设的思维向度转换与推进理路生

成[J].上海体育学院学报,2022,46(11):1-8+18.

[24]赵富学,李林,丰涛等.体育课程思政建设的内生素材向优质案例转
化研究[J].体育学研究,2022,36(06):78-87.

[25]董翠香,韩改玲,朱春山等.师范类专业认证背景下体育教育专业课
程思政教学实践探索[J].天津体育学院学报,2022,37(01):32-37.

[26]中国篮球名人堂(入堂人员名单与人物介绍)[EB/OL].[2023-03-
27].https://baike.sogou.com/v71864185.htm? fromTitle=% E4%
B8%AD%E5%9B%BD%E7%AF%AE%E7%90%83%E5%90%8D%
E4%BA%BA%E5%A0%82